知·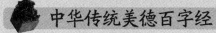

于永玉 秦向东◎编

　　一段历史之所以流传千古，是由于它蕴涵着不朽的精神；一段佳话之所以人所共知，是因为它充满了人性的光辉。感悟中华传统美德，获得智慧的启迪和温暖心灵的感动；品味中华美德故事，点燃心灵之光，照亮人生之路。

天津人民出版社

图书在版编目（CIP）数据

知：自知知人／于永玉，秦向东编. —天津：天津
人民出版社，2012.3

（巅峰阅读文库. 中华传统美德百字经）

ISBN 978-7-201-07491-7

Ⅰ. ①知… Ⅱ. ①于… ②秦… Ⅲ. ①品德教育—中
国—通俗读物 Ⅳ. ① D648-49

中国版本图书馆 CIP 数据核字 (2012) 第 058202 号

天津人民出版社出版

出版人：刘晓津

（天津市西康路 35 号 邮政编码：300051）

邮购部电话：（022）23332469

网址：http://www.tjrmcbs.com.cn

电子信箱：tjrmcbs@126.com

永清县晔盛亚胶印有限责任公司印刷 新华书店经销

2012 年 3 月第 1 版 2012 年 3 月第 1 次印刷

690×960 毫米 16 开本 10 印张 字数：100 千字

定价：19.80 元

中国是一个具有悠久历史和灿烂文化的文明古国，也是举世闻名的礼仪之邦。在历史的长河中，中华民族创造出了绚丽多彩的物质文化和精神文化，为人类的发展和进步做出了重要贡献。其中，中华民族的传统美德被大家代代传承。

那么，什么是传统美德？什么是中华民族的传统美德呢？通常来说，传统美德就是在自觉或习俗的道德规范中，一些被大多数人所接受并实际奉行的，而且在现代仍有着积极影响的那些美德。具体到中华民族传统美德，概括起来就是指中华民族优秀的民族品质、优良的民族精神、崇高的民族气节、高尚的民族情感以及良好的民族礼仪等，是中华民族在历史实践过程中积累而成的稳定的社会优秀道德因素，体现在人们生活的方方面面，涉及政治、经济、文化、意识等领域，并通过社会心理结构及其他物化媒介得以代代相传。

经过长期的历史沉淀，中华传统美德已融入到中华民族的思想意识和行为规范中，成为社会道德文化的遗传基因，成为整个中华民族文化的精神内涵，也是中华五千年文明史的精髓所在。继承和弘扬中华民族传统美德，可以振奋民族精神，增强民族自尊心、自信心、自豪感和凝聚力，使社会主义道德规范具有更丰富的内涵，让社会主义、集体主义、爱国主义思想等更加深入人心，成为社会主义文化的主旋律。同时，还可以更好地协调人际关系，促进社会主义市场经济的健康发展，形成有中国特色的、适应社会发展的价值观和伦理道德规范。

国民的思想道德状况，尤其是青少年的思想道德状况，直接关系着一个国家、一个民族的整体素质，关系着国家前途和民族命运。目前，我国已进入改革发展的新时期新阶段，德育教育的价值和意义更是日渐凸显。大力弘扬中华传统美德，建设社会主义核心价值体系，促进社会主义文化的发展和繁荣，是建设全面小康社会的主要任务，更是实现中华民族伟大复兴的必然要求。因此，党中央非常注重我国公民道德建设，全社会也已形成了加强和改进思想道德建设的新风尚。

　　青少年是国家的希望，是民族不断发展和延续的根本，因此，青少年德育教育就显得更加重要。为了增强和提升国民素质，尤其是青少年的道德素质，我们特意精心编写了本套丛书——《中华传统美德百字经》。

　　本套丛书立足当前公民，尤其是青少年思想道德教育的现实，将中华民族的传统美德归纳为一百个字，即学、问、孝、悌、师、教、言、行、中、庸、仁、义、敦、和、谨、慎、勤、俭、恤、济、贞、节、谦、让、宽、容、刚、毅、睦、贤、善、良、通、达、知、理、清、廉、朴、实、志、道、真、立、忠、诚、公、正、友、爱、同、礼、温、信、尊、敬、恭、恕、责、仪、精、专、博、富、明、智、勇、力、安、全、平、顺、敏、思、积、利、健、率、坚、情、养、群、严、慈、创、新、变、革、争、谏、诲、齐、省、克、竞、求、简、洁、强、律。丛书内容丰富、涵盖性强，力图将中华民族传统美德的内涵囊括进去。丛书通过故事、诗文和格言等形式，全面地展示了人类永不磨灭的美德：诚实、孝敬、负责、自律、敬业、勇敢……

知·自知知人

这些故事在中华民族几千年的历史长河中，一直被人们用来警醒世人、提升自己，用做道德上对与错的标准；同时通过结合现代社会发展，又使其展现了中华民族在新时代的新精神、新风貌，从而较全面地展示了中华民族的美德。

在本套丛书中，为了帮助读者更好地理解这些源远流长的传统美德，我们还在每一篇故事后面给出了"故事感悟"，旨在令故事更加结合现代社会，结合我们自身的道德发展，以帮助读者获得更加全面的道德认知，并因此引发读者进一步的思考。同时，为丰富读者的知识面，我们还在故事后面设置了"史海撷英"、"文苑拾萃"等板块，让读者在深受美德教育、提升道德品质的同时，汲取更多的历史文化知识。

前言

这是一套可以打动人心灵的丛书，也是可以丰富我们思想内涵的丛书……《中华传统美德百字经》向我们展示的是一种圣洁的、高尚的生活哲学。无论在任何社会、任何时代，给予人类基本力量的美德从来不曾变化。著名的美国政治家乔治·德里说："使美国强大的不是强权与实力，而是上帝赐予的美德。假如我们丢失了最根本且有用的美德，导弹和美元也不能使我们摆脱被毁灭的命运。"在今天，我们可能比任何时候都更应关心道德问题，尤其是青少年的道德问题，因为今天我们正逐渐面临从未有过的道德危机和挑战。

人生的美德与智慧就像散落的沙子，我们哪怕每天只收集一粒，终有一天能积沙成塔，收获一个光辉灿烂的明天。《中华传统美德百字经》中的美德故事将直指我们的内心，指向人性中善良的一面，唤起我们内心深处的道德感。因此，中华民

族的传统美德也一定会在我们的倡导和发扬之下，世世传承，代代延续！

　　全套丛书分类编排，内容详尽、文字优美、风格独具，是公民，尤其是青少年思想道德建设的优秀读物。愿这些恒久流传的美文和故事能抚平我们每个人驿动的心，愿这些优秀的美德种子能在青少年身上扎根、发芽、生长……

知·自知知人

老子曰:"知人者智,自知者明。"明智与否在于自知和知人,而自知和知人的深度同明智的程度是匹配的:知之越深,就越能明察秋毫,越睿智。

知人不易。但凡成就事业都需以知人为本,古语有云:"经世之本,以知人为上。"帝王将相,尤以知人而用人、胜人,并最终成就霸业。

知人善用的典范,如刘邦。刘邦开汉朝四百年基业,其最大的本事,即在知人善用。用他自己的话说:"夫运筹帷幄之中,决胜千里之外,吾不如子房;镇国家,抚百姓,给馈养,不绝粮道,吾不如萧何;连百万之军,战必胜,攻必取,吾不如韩信。此三者,皆人杰也,吾能用之,此所以取天下也。"

知人之术多为帝王将相之"绝学",姜太公兵法中就有"八证",即八种识人术;诸葛亮也在《将苑·知人性》中总结了他知人识人的办法"……一曰问之以是非以观其志;二曰穷之以辞辩而观其变;三曰咨之以计谋而观其识……"而精辟至极者当属三国刘劭的《人物志》、曾国藩的《冰鉴》;精而要者,当推鬼谷子的"揣摩术"和韩非子的"参合术"。但简而言之,知人之术,不外考察、试探两种。以此可相对全面、深入、真实地知晓一个人的德、才、能各方面。

知人难,自知更难。

知人者用人胜人,成就英雄豪杰;知己者克己自胜,成就圣哲贤人。人贵有自知之明。自以为自知同真正自知不同,自以为了解自己是大多数人容易犯的毛病,然而真正了解自己的人却很少。人生如秤:对自己的评价秤轻了容易自卑,秤重了又容易自大,只有秤准了,才能实事求是、恰如其分地感知自我,完善自我,对自己了然于心,才能做到自知之明。可现实中人们常常自信和自重,总觉得高人一等,办事忽左忽右,不知轻重,而造成不必要的尴尬和悲剧。当然也有秤轻自己的人,其表现为往往自轻和自贱,多委靡少进取,总以为自不如人,自惭形秽,经常处于无限的悲苦之中。

古人云:"吾日三省吾身。"就是说,自知之明来源于自我修养和慎独。因为自省才能自制自律，自律才能自尊自重，自重才能自信自立。自尊为气节，自知为智慧，自制为修养。人具备了自知之明的胸臆和襟怀，其人格顶天立地，其行为不卑不亢，其品德上下称道，其事业如日中天。

知人和自知是相辅相成的。观察别人的言行可以更好地了解和解剖自己，窥视自己内心世界的活动也可更好地了解和解剖别人。自知度越高，求知欲越强，掌握的知识越多，知人的本领越大，就会越感到自身的不足。自知是求知的动力，而求知则是自知的发展和升华。倘若我们在自知的天地里能做到自尊和自制，那我们处世的智慧、修养和气节将会在人格上顶天立地，在交际的实践中不卑不亢，在品德上备受称道，在事业上也会蒸蒸日上。

目录

第三篇　博学多思能多知

ZHONGHUACHUANTONGMEIDEBAIZIJING

中华传统美德百字经

知·自知知人

第一篇

人贵有自知之明

三人行，必有我师

◎得罪由己招，本性易然诺。——王昌龄

> 孔子（前551—前479），子姓，孔氏，名丘，字仲尼，鲁国陬邑（今山东省曲阜市南辛镇）人。春秋末期的思想家和教育家，儒家的创始人。孔子集华夏上古文化之大成，在世时已被誉为"天纵之圣"、"天之木铎"，是当时社会上最博学者之一，并且被后世统治者尊为孔圣人、至圣、至圣先师、万世师表。孔子和儒家思想对中国和朝鲜半岛、日本、越南等地区有深远的影响，这些地区又被称为儒家文化圈。

在河南省修武县城西堡村西头的路旁，矗立着一块石碑。石碑的上面刻有五个楷书大字：孔子问礼碑。关于这座石碑，还流传着一个关于孔子的小故事。

两千多年前春秋时期的一天，孔子向一个七岁的孩子项橐问"礼"的事，就发生在这里。

孔子为了推行自己的儒家学说，经常由他的学生们陪伴，驾着车周游列国。

有一天，孔子和他的学生来到了郑国。

当孔子一行人驾着车走在马路上时，忽然看到一个小孩子在马路中间玩耍，并且堆砌了一堆碎石烂瓦，挡住了孔子的车。驾车的子路便对那个孩子吆喝道："喂，小孩子，让开，让我们的车过去！"

可是，那个孩子却理都不理子路，仍然专心致志地堆砌着瓦石。

孔子见了，就从车上走下来，到那小孩子面前，生气地问："喂！你这小孩子是怎么回事？赶快到边上去玩，不要在这儿挡住我们的车！"

孩子抬头，望了望孔子，反问道："老人家，您看看我修造的是什么？"

孔子低头一看，地上是孩子用碎石烂瓦堆砌成的一座城堡。

孔子不耐烦地说："不要闹了！你这个孩子真是不懂礼节！你挡住了我的车，耽误了我赶路啊！"

孩子眨眨眼睛，又问孔子说："您是说我不懂礼节吗？那么请问老人家，世上是车给城让路，还是城给车让路呢？"

知识渊博的孔子被孩子问得竟然不知如何回答。

他想：是啊，我们不能把这个孩子摆的城池当成玩耍。我把它当成玩耍，可孩子却不是这样的，他认为这就是一座城池！所以，不能说孩子是错的！再说，城是死的，车是活的，当然城不能给车让路，应该是车绕道过去。还有，人家孩子的城池是先有的，我是后经过这里呀……我倡导礼义，看来我还不如这个孩子懂得礼节……

想到这儿，孔子便不生气了，笑着问孩子："你说得对。你叫什么名字？"

孩子回答说："我叫项橐。"

孔子又问："你几岁了？"

项橐说："七岁。"

孔子感叹地对自己身旁的学生说："三人行，必有吾师！项橐这孩子很懂礼节，虽然年龄小，但在这一点上是可以做我的老师啊！"

说完后，孔子告别了项橐，和学生们驱车绕着"城"过去了。

◎故事感悟

　　孔子说，三人行必有吾师。就是说，人应有自知之明，有时自己的观点是正确的，有时又可能是错误的。哪怕是面对一个小孩子，也不要轻视他，而是汲取他的长处，视他为老师。人若能自知，在生活中就会少出差错。若反之，则会做出许多愚蠢的事，被人耻笑。

◎史海撷英

孔子晚年

孔子晚年可谓颠沛流离。公元前484年，年近七十的孔子被季康子派人迎回鲁国，并尊为国老，但却并未受鲁哀公的任用。

这一期间，孔子专注教育和古籍整理。哀公十二年（前483）冬，孔鲤先孔子而死。哀公十四年（前481），颜回又先他而去。孔子感慨地说："昔从我于陈蔡者，皆不及门也。"

哀公十四年夏，齐国陈恒弑其君，孔子斋戒沐浴三天，向哀公恳请伐齐，哀公让他"告季孙"。孔子便又向季孙请求出兵，结果被拒绝。

公元前479年，孔子逝世，终年73岁，葬于曲阜城北的泗水岸边。众弟子为其服丧三年，子贡更是为孔子守坟六年。

◎文苑拾萃

孔子

（宋）王安石

圣人道大能亦博，学者所得皆秋毫。

虽传古未有孔子，蟪蛄何足知天高。

桓魋武叔不量力，欲挠一草摇蟠桃。

颜回已自不可测，至死钻仰忘身劳。

邹忌有自知之明

◎人，贵有自知之明。——毛泽东

> 邹忌（生卒年不详），战国时代齐国人。《史记》亦作驺忌，田齐桓公时以为重臣，齐威王时为相，封于下邳（今江苏邳县西南），号成侯。后又事齐宣王。

战国时期，齐威王的相国邹忌长得很帅气，身高八尺，体格魁梧，十分漂亮。与邹忌同住在一个城内的徐公也是一位长相十分俊美的人，是齐国有名的美男子。

有一天早晨，邹忌起床后，梳洗完毕，穿好衣服，便信步走到镜子面前仔细端详自己全身的装束和模样。他觉得自己长得的确非常俊美，于是就随口问妻子说："你看，我跟城北的徐公比起来，谁更漂亮呢？"

妻子走上前，一边帮邹忌整理衣襟，一边回答说："当然是您长得漂亮了，那徐公怎么能与您相比呢？"

邹忌有点不大相信，因为城北的徐公是大家公认的美男子，自己恐怕比不上他，因此他又问他的妾："我和城北徐公相比，谁漂亮些呢？"

他的妾连忙说："大人您比徐公漂亮多了，他哪能和大人相比呀！"

第二天，有一位客人来访，邹忌坐下陪客人聊天，便又想起了昨天的事，所以又问客人说："您看我和城北徐公相比，谁漂亮？"

客人毫不犹豫地说："徐公根本比不上您，您比他漂亮多了！"

邹忌这样进行了三次调查，大家都认为他比徐公漂亮。可是邹忌是个很

有头脑的人，并没有因此而沾沾自喜。

过了一天，城北徐公恰好有事来邹忌家拜访。邹忌第一眼就被徐公那气宇轩昂、光彩照人的形象怔住了。两人交谈时，邹忌还不住地打量着徐公，觉得自己长得根本不如徐公。为了证实这一结论，他还偷偷地从镜子里面看看自己，再调过头来瞧瞧徐公，结果更觉得自己长得不如徐公。

晚上，邹忌躺在床上，反复地思考着这件事：既然自己长得并不如徐公漂亮，为什么自己的妻、妾和客人都说自己比徐公漂亮呢？

想到最后，邹忌总算明白了：原来这些人都是在恭维我啊！妻子说我美，是因为偏爱我；妾说我美，是因为害怕我；客人说我美，是因为有求于我。看起来，我是受了身边人的恭维赞扬而认不清真正的自我了。

◎故事感悟

邹忌贵有自知之明。这个故事告诉我们：人在一片赞扬声里一定要保持清醒的头脑，特别是居于高位的人，更要有自知之明，这样才不至于在别人的恭维声中迷失方向。

◎史海撷英

淳于髡鬼才辩圣贤

战国时期，邹忌曾凭借着自己奏琴的本事拜见了齐宣王，齐宣王很看重他。邹忌就对齐宣王说，奏琴与治理国家是一样的道理，然后又与齐宣王说奏琴为什么像治理国家一样以及称霸的事情。齐宣王十分高兴，拜邹忌为相国。

于是，齐国人便开始谈论邹忌成为相国这件事情。以淳于髡为首的一些人都非常轻视邹忌，想找个机会与邹忌辩论，大家都认为邹忌肯定比不上自己。

有一天，淳于髡约好众人一起去见邹忌，准备羞辱他一番。淳于髡等人表现得都很傲慢，而邹忌却表现得很谦卑。淳于髡问："白狐狸的毛皮做的衣服，补上坏羊皮，怎么样？"

邹忌尊敬地回答说："不敢这样把东西弄坏。"

淳于髡又问："对内刚强，而对外圆滑，怎么样？"

邹忌说："在内谨慎，而不给外人机会。"

淳于髡再问："三个人共同养一只羊，羊没有吃饱，人也不能歇息，怎么样？"

邹忌回答说："减少税吏，减少官员，这样才能不使民困扰。"

淳于髡等人对邹忌的回答十分佩服，再也没有什么可说的了，只好离开。此时，邹忌表现得很高傲，而淳于髡等人表现得却很卑微！

◎文苑拾萃

邹忌说琴谏齐王

（西汉）司马迁

邹忌子以鼓琴见威王，威王说而舍之右室。

须臾，王鼓琴，邹忌子推户入曰："善哉鼓琴！"王勃然不说，去琴按剑曰："夫子见容未察，何以知其善也？"

邹忌子曰："夫大弦浊以春温者，君也；小弦廉折以清者，相也；攫之深，醳之愉者，政令也；钧谐以鸣，大小相益，回邪而不相害者，四时也：吾是以知其善也。"

王曰："善语音。"邹忌子曰："何独语音，夫治国家而弭人民皆在其中。"

王又勃然不说曰："若夫语五音之纪，信未有如夫子者也。若夫治国家而弭人民，又何为乎丝桐之间？"

邹忌子曰："夫大弦浊以春温者，君也；小弦廉折以清者，相也；攫之深而舍之愉者，政令也；钧谐以鸣，大小相益，回邪而不相害者，四时也。夫复而不乱者，所以治昌也；连而泾者，所以存亡也：故曰琴音调而天下治。夫治国家而弭人民者，无若乎五音者。"

王曰："善。"

蔡泽自知能审时定势

◎人之贵，贵在审时度势，贵有自知之明，贵以金规
律己，贵为志高行远。——刘铭

蔡泽（生卒年不详），战国时期燕国人，博学善辩，为纵横家代表人物之一。先前游学过很多大小诸侯国，但未被人发现其才学，所以一直怀才不遇。后被秦昭王拜为客卿，代范雎为秦相，曾为秦王政出使于燕，使太子丹入质于秦。

范雎相秦，屡献奇谋，帮助秦昭王屈三晋之兵，破六国合纵之谋，使天下诸侯畏惧秦国，秦昭王为此也视范雎为股肱之臣。

范雎担任宰相后，又向秦昭王举荐了郑安平和王稽，昭王便拜郑安平为将军，封王稽为河东郡守。

后来，范雎因为与武安君白起有隙，便进谗言，让昭王杀了白起，保荐郑安平率军攻打赵国。结果郑安平领军无方，被赵军包围，郑安平率领两万士卒全部投降了赵国。

昭王闻之后，大怒，灭掉了郑安平的整个家族。秦法规定："任人而所任不善者，各以其罪罪之。"也就是说，被保荐者如果犯罪，保荐之人也应受到同等的刑罚。这样一来，范雎就应处以拘捕三族之罪。

范雎十分害怕，但昭王却再三抚慰范雎，还让他复职。当时群臣对此都议论纷纷，昭王即下令道："郑安平之事，与丞相无涉。有再敢言其事者，与郑安平同样论处。"

此后，秦昭王对待范雎比以前更加厚重了，所赐的食物一日丰于一日，范雎有时都觉得过意不去。

秦昭王五十一年（前256），秦攻韩，西周君恐，遂背秦，与诸侯合纵，率天下锐师出伊阙（今河南洛阳西南龙门）攻秦。

昭王大怒，派军攻打西周，取西周都城河南（今洛阳西），西周君（西周武公）被迫降秦，入秦叩头谢罪，尽献城邑36座，户3万。

昭王接受了西周君的进献，迁西周君于思狐（今河南洛阳市南，临汝县西北），西周遂亡。周赧王在位，名为天子，实依附西周以存身。秦灭西周，不久，周赧王卒，秦取九鼎宝器，陈列于秦太庙之中，布告列国，俱要朝贡称贺，韩、齐、楚、燕、赵五国皆遣使入贺，独魏国使者未到，昭王怒，命河东郡守王稽领兵袭魏。

王稽素与魏国私通，接受魏国的财物，便将这件事告诉魏王。魏王很害怕，忙遣使入秦谢罪，魏国听令于秦。后来昭王得知王稽私通外国，盛怒不已，召王稽入都，将其斩首。自此，范雎愈加不安，经常称病不上朝。

昭王每次临朝而叹，范雎见了，便会上前对昭王道："臣闻'主忧则臣辱，主辱则臣死'。今大王坐朝而叹，臣等不能为大王分忧，特此请罪。"

昭王说道："寡人听说楚国铁剑锋利无比，歌舞技艺却很笨拙。铁剑锋利说明士兵尚武，不迷恋歌舞说明朝廷谋略深远。楚王深谋远虑，统率着勇敢的士兵，恐怕就要图谋秦国。凡事如不及早做好准备，就不足以应付突然事变。如今武安君已死，郑安平叛变，外多强敌，而内无良将，寡人是以常忧。"

昭王想以此来激励范雎。可是范雎闻言却惭愧不已，没有良策答对，也愈加恐惧，只得默然退出。

秦昭王五十二年（前255），燕国辩士蔡泽听说范雎在秦处境不利，便来到秦国。蔡泽博学善辩，才高八斗，曾游说诸侯，却得不到赏识。听说唐举善于相面，便去请唐举看相，对唐举道："闻先生曾为赵国李兑看相，预言李兑'百日之日可持国秉政'，有这样的事吗？"

唐举答道："确有其事。"

蔡泽又问道："臣下，先生以为何如？"

唐举端详一番，笑道："先生之鼻上翻，肩高脖短，面大鼻凹，双膝蜷曲。我闻圣人不在乎相貌，殆谓先生乎？"

蔡泽知唐举嘲笑于他，便以大言回敬唐举道："富贵臣本来自有，所不知者为寿数耳。"

唐举道："先生之寿，从今而后还有43年。"

蔡泽听了，遂向唐举致谢，然后离去，并大声对其御者讲话，以让唐举知晓。蔡泽言道："臣手持精米饭，口食肥肉，乘华车骏马，怀抱黄金印，腰系紫色绶带。面见君王，行君臣之礼；领取俸禄，享受荣华富贵，43年足矣！尚有何求？"

唐举大笑，礼送蔡泽而去。

蔡泽复游说列国，先赴赵国，遭到驱逐。后往韩、魏，于野外被强盗抢走炊具。又闻听范雎保荐的郑安平、王稽，皆得重罪。范雎已经违反了秦朝的律法，又是惭愧又是恐惧，举措失利，便西赴秦国。

蔡泽欲游说昭王，故意派人扬言激怒范雎道："燕国辩士蔡泽，乃是名扬天下的雄辩有识之士，特来求见秦王。秦王如若见我，必令我代彼之位，相印可垂手而得。"

范雎闻言，答道："五帝三代之事，百家之说，我无所不闻，巧辩之士，遇我则屈，蔡泽乃无名之辈，何能难我，又岂能游说秦王，夺我相印呢？"于是派人去召蔡泽。

蔡泽见到范雎，神态傲慢，仅向范雎拱手施礼，长揖不拜。

范雎本来就非常恼怒，召见蔡泽，范雎既不出迎，亦不行宾主相见大礼，更不命坐，只是踞坐堂中会见蔡泽，待见蔡泽举止骄矜傲慢，更加动怒，便厉声责问蔡泽："扬言取代我秦国宰相的，可是你吗？"

蔡泽昂首答道："正是。"

范雎道："你有何等韬略，可以夺我相位？"

蔡泽道："唉，您的见识何以落后到如此地步呢？夫四时循环往复，前者退，后者进，如今您应该退隐矣！"

范雎道："我不自退，谁能令我退之？"

蔡泽道："以仁为根本，匡扶正义，执行原则，施行恩惠，辅佐贤君实现自己的宏愿，难道不是我等聪明才辩之士所希望的吗？"

范雎道："是的。"

蔡泽道："既已得志于天下，富贵显荣，又能保守他的事业，永远流传，与天地一样长存，难道不是圣人所说的吉祥善事么？"

范雎道："是的。"

蔡泽道："终其天年，享受俸禄，传之子孙，使名声与实际相符，恩德流传广远，难道不是您的愿望吗？"

范雎答道："正是。"

说到这里，蔡泽将话锋一转，反诘范雎道："至于秦国的商鞅，楚国的吴起，越国的大夫文种，皆功成天下而身不得其死，也是您所愿意的吗？"

范雎暗暗地想："这个人口齿伶俐，步步相逼，如果我说不愿意，正中其说术。"

因此，范雎便假装答应说："有什么不愿意的呢？商鞅侍奉秦孝公，忠贞不贰，尽公无私，变法图强，富国强兵，为秦国拓地千里；吴起侍奉楚悼王，令私不损公，谗言不蔽忠良，制订法令，废贵戚以养士卒，南平吴越，北却三晋，威慑诸侯；大夫文种侍奉越王勾践，即使君主处境困厄，遭受凌辱，也尽忠不懈，终使越国转弱为强，并吞吴国，为其主雪会稽之辱。此三人，为节义之典范，忠贞的准则，虽不得其死，却功垂天下，名传后世。大丈夫杀身以成仁，视死如归，何怨之有？"

蔡泽听完，说："商君、吴起、文种作为臣子，所作所为世人称道，而君主却错待他们，三人功劳卓著得不到好报，难道世人会羡慕他们冤屈而死吗？如果等到死后方可以立忠成名，那么，孔子就不配称为圣人，管仲就不配称为达人了。人们建功立业，难道不希望性命及声名俱全吗？故大夫立身处世，身名俱全者，上也；名传身死者，次也；名辱身全者，为下耳。"

这一番话正中范雎下怀，范雎点头表示赞许。蔡泽进一步进言说："辅助君主，修明政治，富国强兵，使王室显赫，声威慑于四海，功业昭著天下，声名流传万代，您与商鞅、吴起、文种相比何如？"

范雎道："我固不如。"

蔡泽道："如今您的功绩和所受到的宠爱比不上商鞅、吴起、文种，而您的俸禄多，地位高，财富超过他们，如不及时隐退，后果会比他们更惨。常言道：'日中则移，月满则亏，物盛则衰。'事物发展到极点就要衰落，进退盈缩，须随时势变化，此为圣人处世之常道。您担任秦国宰相，计不下席，谋不出廊庙，坐制诸侯，威慑诸侯，功劳已达到极点，如还不隐退，就会落得与商鞅、吴起、文种同样的下场。我听说过如此之言：'鉴于水者见面之容，鉴于人者知吉与凶。'古书上又说：'成功之下，不可久处。'商鞅、吴起、文种三人的灾祸，为什么您还要承受呢？您如乘机交还相印，让给贤德之人，自己归隐林泉，既可以得到尧时许由和吴国延陵季子辞让的美称，又可以得到商末伯夷、叔齐归隐的贤名，世世代代享受君王的俸禄，这样的结果和遭受灾祸的结果相比，您选择哪一种呢？"

蔡泽还要继续往下陈述，范雎早已被蔡泽之言深深打动，忙起身离座，对蔡泽道："先生自谓雄辩有智，果然不虚。我听说：'欲而不知足则失其所欲，有而不知止则失其所有。'幸蒙先生见教，雎敢不受命。"

于是，范雎毕恭毕敬地请蔡泽入座，待以客礼，将其尊为上宾。

过了几天，范雎入朝，对秦昭王说："有个朋友名叫蔡泽，近日从山东宋见我。此人通达时变，有经天纬地之才，足以辅佐秦政，成就君主三王五霸那样的事业。臣下见过的辩客很多，无人可同他相比，臣亦不及他，故冒昧地向大王举荐。"

昭王于是便召见蔡泽，向他问及治国图强及兼并六国之计，蔡泽都对答如流。昭王十分高兴，便拜蔡泽为客卿。

范雎乘机托病，请归相印，昭王虽然不答应，勉强使范雎理事，但心中早已看中了蔡泽。后来范雎又再三以病笃相推，昭王便拜蔡泽为宰相。于是，范雎辞相隐退，安度晚年，终老于应（今河南鲁山县东）。

◎故事感悟

功成身退，这是在封建政治角逐之后的选择。不过，旁观者清，当事者迷，没有人来指示一下，自己往往会"舍不得"。蔡泽审时度势，及时奉劝范雎隐退，以保持功名及俸禄，不使灾祸及身。以古代圣人之道为准则，知进退盈缩，与时变化，故能避灾免祸，善始善终。

◎史海撷英

蔡泽为相

秦昭王时期，蔡泽在秦国做了几个月的相国，便遭人恶语中伤。蔡泽害怕自己被杀，便推托有病退回了相印，后来被赐予封号为纲成君。

蔡泽在秦国居住了十多年，曾奉事过昭王、孝文王、庄襄王，最后还辅佐过秦始皇，曾为秦国出使过燕国。三年后，燕国的太子丹到秦国做人质。

蔡泽曾说过这样一句话："夺君相位者，蔡泽是也！"可见其是何等的自信！

◎文苑拾萃

蔡泽庙

（宋）李廌

从横事捭阖，揣摩相抵巇。

兹为富贵术，咄嗟乃自知。

相形直误人，俾无百年期。

遂汝齿肥心，庙食饱牲牺。

曹参的自知之明

◎不学自知，不问自晓，古今行事，未之有也。——
王充

曹参（？—前190），字敬伯，泗水郡沛县（今江苏沛县）人，是继萧何后的汉代第二位相国，楚汉战争和平定异姓诸侯王中参与多次战争，立功最多，作战勇猛，曾经负伤七十处，成为汉军中的主要人物。曾经攻下两国，122个县，俘虏诸侯王两名、高官十数人，封平阳侯。唯战功极高，论功仍不及后勤的萧何。后因萧何推荐，继任相国。虽然与萧何感情不睦，但仍然依循萧的制度，实施黄老无为而治，天下安定，世称"萧规曹随"。

成语"萧规曹随"中，"萧"指的是萧何，"曹"说的是曹参。

曹参是汉王朝的第二代相国，也曾立下卓越战功，但他为相不如萧何，为将不及韩信。为相，萧何是立法者，曹参只是守成者；为将，韩信大开大阖，动辄倾国倾城，改变天下格局，曹参只能小打小闹，补苴罅漏，聚沙成塔，集腋成裘。

所以，在汉代初年那个风起云涌、人才辈出的时代，曹参虽然能够出将入相，其实才华平平，能力有限。不过，曹参也有他自己的长处。现在看来，曹参的长处主要有两个：会做人，能自知。

曹参的这两个优点，其实也不算什么天生的禀赋或才能，而是后天的经验与修养所致。

曹参一生的事业大概可以分为两个阶段。前一阶段主要是"为将"阶段。在这一时期，曹参主要在战场上担任刘邦和韩信的副手，从反秦到灭楚，曾参与了无数次战争。不过，他的这些成就虽然不可忽视，却是当时任何一个长期征战沙场的将军都能取得的，因为那些战役多为韩信指挥有方的缘故。这也说明，曹参在战场上并没有能够独当一面，也没有特别杰出的表现。

不过，刘邦却一直非常信任曹参。刘邦是个多疑的人，而他却从未怀疑过曹参。韩信在官拜大将军时，曹参就被刘邦指派为韩信的副手，身负监视韩信的特殊使命。

刘邦攻打项羽时，在成皋兵败，导致全军覆没，刘邦也落荒而逃。当时，刘邦身边只有为他驾车的夏侯婴一人。最后，刘邦终于狼狈不堪地逃到韩信军中。

当时正值夜半，韩信正在酣睡，早已安插在韩信身边的曹参出来接驾。刘邦正是在曹参的带领下，直接冲入韩信的卧室，将兵符收为己有，掌握了军权，并立即重振声势。

曹参前期为将未见奇功，但从"为将"到"为相"的转折过程中，却遇到一个名为"盖公"的道家，从此他的性格也出现了转变，从而成就了他后期的事业。

汉惠帝元年，朝廷废除了诸侯国设置相国的规定，改"相国"为"丞相"，并改派曹参为齐国丞相。当年，曹参本来就是齐王韩信的相国，韩信被刘邦封为楚王后，曹参也交还了相印。后来，刘邦又把长子刘肥封为齐王，同时任命曹参为相国。再后来，曹参改为齐国丞相，统辖齐国70座城池。

天下刚定，百废待兴，曹参将齐国的长老和儒生召集起来，讨论安定百姓的方法。齐国的儒生很多，众说纷纭，让曹参不知所从。这时，他听说胶西有一位名叫盖公的高人，精通黄老之学，便立即派人用重金厚礼将其请来，向其求教治国之策。

盖公只说了一句话："治道贵清静而民自定。"也就是说，要"无为而治"。这也是道家政治哲学的总原则、总纲领。

曹参认为，盖公所说的理论虽然简单，但却很有道理。因此，他对盖公十分佩服，亲自将自己的房子腾出来让盖公住，将盖公长期供养起来，以便能时时请教。

依靠盖公所提出的黄老之术，曹参在齐国担任了九年的丞相，治下百姓安居乐业，齐人都称他为"贤相"。

曹参的天赋和悟性都不高，仅能达到道家境界的中等层次。不过，曹参从黄老之术中也受益匪浅。也正是因为他学了盖公的黄老之术，使他在为人处事方面也颇有自知之明。

惠帝二年（前193），萧何去世。曹参在齐国听到这个消息后，马上命手下收拾好行装，然后对手下说："我马上就要到朝廷去当相国了。"

不久，朝廷果然遣使者来召曹参回朝。断定自己必将替代萧何的位置，"当仁而不让"，这就是自知之明。

曹参代替萧何担任相国后，"举事无所变更，一尊萧何约束"。曹参很清楚，自己的才能比不上萧何，所以也没有必要画蛇添足，这也是自知之明。

曹参在担任相国后，每天就是饮酒睡觉，几乎什么事也不做。久而久之，不但同僚们不能理解，就连汉惠帝也有些生气了。

当时，曹参的儿子也在朝中为官，汉惠帝就让他回家质问父亲曹参：先帝当年托付重臣辅佐皇上，现在皇上还很年轻，而你身在相国之位，却每天饮酒睡觉，也不向皇上请示汇报，这样怎么考虑天下大事呢？

曹参之子回家后就劝谏父亲。谁知曹参一听，勃然大怒，把儿子狠狠地打了一顿，还责骂他说："你知道什么？也敢谈论天下大事！赶快给我进宫伺候皇上去！"

曹参责打的是自己的儿子，得罪的却是汉惠帝。这下汉惠帝更加生气了，在朝会上就当面谴责曹参。

曹参马上谢罪，然后问汉惠帝："请陛下自己考虑一下，陛下的圣明神武比得上高帝吗？"

惠帝回答说："我怎敢与先帝相比！"

曹参又问："陛下看我与萧何，哪一个更加高明？"

惠帝说："依我看，你似乎不及萧何。"

曹参继续说："陛下说的是！高帝与萧何平天下，定法令，一应俱全，明确无误。现在，陛下只需要垂衣拱手、无为而治即可；而我等一班朝臣也守住职位，按部就班，遵循原有法度而不改变，不也就可以了吗？"

惠帝无言以对，只好说："好吧！曹参，你现在可以回去休息了。"

如果说曹参对自己有自知之明，那么他对别人则能难得糊涂。

曹参整天不理政事，痛饮美酒，卿大夫以下的官吏和曹参的宾客在拜访他时，都想劝劝他。但曹参根本不给他们说话的机会，每次这些人一来，曹参马上就向他们敬酒，使他们根本没有开口的机会。直到他们喝得醉醺醺地离去，曹参都始终不让他们有开口劝谏的机会。

有一次，曹参的随从官员对曹参的行为很厌恶，但又无可奈何，只好心生一计，请曹参到后花园游玩。

曹参应邀去了，酒徒们的喧哗也飘到了后花园，随从趁机陈言，希望相国把他们招来处罚。不料曹参哈哈一笑，马上叫人搬来坐席，取来美酒，自己也坐下开怀畅饮起来，在花园里与那伙醉鬼隔墙遥相呼应。

◎故事感悟

司马迁说，曹参"为汉相国，出入三年"，其政绩是"载其清净，民以宁一"。"清净"，也就是"清静"。"载其清净，民以宁一"，也就是盖公所说的，"贵清静而民自定"。曹参因为有自知之明，或许不算一员杰出的"良将"，然而的确是一位不错的"贤相"。

◎史海撷英

巨鹿之战

巨鹿之战是秦末的公元前207年，秦军与起义军项羽部队在巨鹿（现河北平乡西南）展开的一场决战，最后项羽获胜。

这一战役是秦末战争中消灭秦军主力的一次决定性战役，也是历史上著名的以少胜多的战役之一。

公元前208年7月，秦国大将章邯在消灭项梁之后，又率秦军北上渡河，攻

打赵国，并且大败赵军。随后，他又命秦将王离包围了赵国的巨鹿，章邯自己屯兵于南，修筑甬道为围城的秦军输送粮草。

当时，秦军的阵势十分强大，没有人敢去迎战。楚国的项羽为了给被秦军杀害的叔父项梁报仇，便主动请缨出战。于是，楚怀王以宋义为上将军，项羽为次将，范增为末将，率领六万大军去援助赵国，解巨鹿之围。

大军行进到安阳（今山东曹阳东南）后，便不敢再前进了，项羽痛斥宋义的怯懦行为并杀了他。于是，楚怀王封项羽为上将军。

楚军数量远远少于秦军，项羽先派英布率两万楚军渡过漳河，救援巨鹿。12月，项羽亲自率军渡河，并下令将炊具打破，将船只凿沉，每人只带三天的干粮，以表明拼死一战的决心（这就是成语"破釜沉舟"的由来）。

项羽的军队作战十分勇猛，一个楚军可以抵得上十个秦军，并且破坏了秦军的甬道，使秦军大败。

公元前207年6月，项羽与蒲将军又分别大败秦军于淤水和三户津。章邯、司马欣、董翳等率秦军余众投降项羽，巨鹿之战结束，巨鹿之困也因而得解。

◎文苑拾萃

曹参

（宋）王安石

束发河山百战功，白头富贵亦成空。
华堂不著新歌舞，却要区区一老翁。

寇恂自知能自保

◎欲胜人者必先自胜，欲论人者必先自论，欲知人者
必先自知。——吕不韦

> 寇恂（？—36），字子翼，东汉上谷县昌平（今北京）人。云台二十八将之一。建武元年光武帝刘秀以河内（今河南焦作）险要富实，欲择诸将守河内，苦无人选，问于邓禹。邓禹曰："寇恂文武备足，有牧民御众之才，非此子莫可使也！"遂拜河内太守，譬之于萧何留在关中。寇恂"伐淇园之竹，为矢百余万，养马两千匹，收租四百万斛，转以给军"。后任颍川太守，治颍川，有政绩。后官执金吾，贾复的小兵妄杀良民，被寇恂处死，贾复大怒，要找寇恂报仇。寇恂不与贾复见面。光武劝说："天下未定，两虎安得私斗？"遂同舆并出。官至汝南太守。一日寇恂随光武帝再至颍川。百姓请求再借寇恂留任一年，皇帝准许，史称"借寇恂"。

西汉末年，绿林义军推翻王莽，建立更始政权。不久，刘秀在河北起兵，又南定河内（黄河以北的河南地区），并将这个地区作为自己的大本营。

当刘秀北伐时，接受了邓禹的建议，拜文武兼备的寇恂为河内太守。寇恂接任河内太守后，发动所有属县中的丁壮练兵习武，并伐竹造箭，养马种粮，将兵丁、武器、军粮源源不断地运往前方，有力地支援了刘秀的北伐。

当时，更始政权的大司马朱鲔正屯重兵于洛阳，他听说刘秀北伐而河内空虚，便派苏茂、贾疆二将率兵三万，渡巩河攻打温县。

寇恂一面发兵会于温县，一面欲亲自率兵至温县御敌。部下劝他等众军毕集后再到温县，寇恂却说："温县是本郡的屏障。若温县失，则全郡亦不可守。"便不等众军聚齐，急往温县救援。

在温县，寇恂与其他援军一起大破苏茂、贾疆，保住了温县，保全了河内，为刘秀的北伐称帝建立了大功。

温县大捷后，刘秀在高邑(今河北柏乡北)称帝，此后，便多次发出策书至河内，对寇恂表示慰问。

一个叫董崇的人见到这种情况，便对寇恂说："如今皇上（指刘秀）刚刚即位，四方尚未平定，而您偏在此时据此大郡，内得人心，外破苏茂，威震邻敌，名扬遐迩。这是最容易招人谗毁大祸临头的时候。想当初，萧何为汉高祖镇守关中，听鲍生劝告而打消了高祖的疑心。如今您的处境与当年萧何相同，恐怕当以前人之事为镜戒。"

寇恂听了，认为很有道理，便称病不理政事。

后来，光武帝刘秀将要攻打洛阳，路过河内，寇恂又请求随军征讨。当这个请求被拒绝后，寇恂又派自己的侄子寇张、外甥谷崇一起随刘秀出征。

功高震主，便是大难临头之兆。光武帝刘秀是历史上少有的开明对待功臣的封建君主，即便如此，寇恂仍要寻找明哲保身之计。寇恂让亲人随军，是向皇帝表示忠心，还是以为人质来表明自己不背叛？这恐怕只有寇恂自己最清楚。

◎故事感悟

寇恂放弃行政权力，又派子侄到刘秀手下做人质，才逃过刘秀可能出现的猜忌之心，可见在统治者手下做事确实不容易。到了看不到政治前途时，需要急流勇退，这样才是有自知之明。

◎史海撷英

寇恂奋勇杀敌

刘秀在南定河内后，便打算命将留守这里。然而更始帝的大司马朱鲔闻刘秀北征后，河内势力孤单，便派大将苏茂和副将贾疆率兵三万，从巩县渡河进入温县，以图占据河内。

寇恂闻之后，便统领自己所属的各县士兵奋勇杀敌，大败苏军，一举将敌人追至洛阳城下，斩杀了苏茂的副将贾疆，掳杀敌军万余人。然后，寇恂又带领兵马绕城一周，渡河而还。从此，朱鲔闻风丧胆，城门日夜紧闭。刘秀闻之大喜，称赞寇恂说："吾知子翼可任也。"

建武二年（26），颍川人严终、赵敦聚众万余，与密县（今山东密县东南）人贾期连兵为寇。光武帝刘秀又任命寇恂为颍川太守，最终平定颍川。随后，光武帝封寇恂为雍奴侯，食邑万户。

◎文苑拾萃

寇恂

（宋）徐钧

王郎百万肆凭陵，谁集渔阳上谷兵。

一剪妖氛河北定，中兴从此创基成。

曹操理智退兵

◎君子不患人之不己知，患不自知也。——《陈确集·瞽言》。

> 曹操（155—220），字孟德，小名吉利，小字阿瞒，沛国谯（今安徽省亳州市）人。东汉末年著名的军事家、政治家和诗人，三国时代魏国的奠基者和主要缔造者，后为魏王，去世后谥号为武王。其子曹丕称帝后，追尊为太祖武皇帝。

三国鼎立，曹操因善于利用天时，挟天子以令诸侯，扩大兵力，占了优势。

然而，曹操在率领大军进攻东吴时，由于兵士多为北方人，到南方打仗后一时间水土不服，许多士兵都病倒了。孙权得到曹操进兵东吴的消息后，立即调兵遣将，并亲自率领水军前来迎战。

两军对阵，激烈战斗，最终曹操的军队抵不过东吴军队，吃了败仗。曹操见状，连忙下令："全军退守营寨！"

而吴王孙权意欲扩大战果，所以几次带兵前来挑战，可曹操的兵将就是紧闭城门，拒不应战。

相持了几天之后，在一个晴朗的日子里，吴王孙权亲自率领部分官兵，坐快船冲出寨门，来到曹营附近。

曹操的将士们见孙权来了，都纷纷请战："丞相，我们出战吧！"

然而曹操想了想，说："不能出战！这是孙权想亲自试探一下我军的虚实，并不是真的向我们挑战。既然他要看，那我们就让他看看我军的阵势好了！

别忘了，我们也要借机试探一下孙权军队是什么样的。"

于是曹操命令："全军不许乱放一箭。"

孙权威武地坐在船上，越来越靠近曹营了。他从容地指挥着船只在江上来回游动，观看曹营。过了好一会儿，他们才敲起战鼓，吹着军号，不慌不忙地走了。

曹操见孙权指挥镇定自如，船舰整齐不乱，秩序井然，不禁赞叹道："佩服！佩服！孙权年轻有为，以后生儿子也一定要生像孙权这样的儿子啊！"

两军隔水相望，又对峙了一个多月。转眼就到了三月，雨水渐渐多了。这时，孙权给曹操写了封信，信封里装着两张纸。

第一张上写着：雨季来了，你最好赶快退兵。

第二张纸上写着：你曹操一天不死，我东吴孙权就一天不得安宁。

曹操看罢后，哈哈大笑，并举起信对大家说："孙权这小子说的都是实话，没有欺骗我呀。"

又过了几天，曹操命令全军撤退。

◎故事感悟

在与东吴的对峙中，曹操看到了自己的优势与劣势：雨季前，他处于优势；雨季开始后，他立即从优势转入劣势。因此，他不去做违背客观规律的事，宣布退兵。曹操退兵，并非耻辱，相反这正说明他做得英明。试想，他若没有自知之明，继续对峙，或发动进攻，那后果可能不堪设想。《孙子兵法》上讲：知己知彼，百战不殆。了解自己是要了解自己真正的情况，而非虚假的或片面的情况。了解自己还不够，还要能正确对待自己。人贵在自知之明，指的就是这个意思。

◎史海撷英

曹操攻取河北

建安五年（200）正月，曹操在剿灭了董承等人后，为避免与袁绍、刘备两面

交战，便迅速率军猛攻徐州，并击败了刘备，收复了徐州。

二月，袁绍率领11万士兵南下，与曹操在官渡展开决战。四月，曹操在白马之战、延津之战中连续斩杀了袁绍的两员大将颜良和文丑，并靠着曹仁、于禁、乐进等人的奋战而顶住了袁绍的猛烈攻势。

八月，袁绍的大军逼近官渡，并依靠沙堆为屯，东西连营数十里，与曹军对峙。到了十月，双方的战事陷入僵局，袁绍的谋士许攸也投奔了曹操，并向曹操献策，让曹操偷袭袁绍的粮草囤积地乌巢。曹操采纳了许攸的意见，焚烧了袁军的粮草辎重，扭转了战局，袁绍大败。

建安七年（202）五月，袁绍病逝，其子袁谭、袁尚相互争位，致使河北一分为二。曹操趁机进攻河北。

204年七月，曹操攻下了河北袁氏的根据地"邺城"。从这一年开始，曹操便将自己的据点北迁到冀州的邺城。最后，曹操又在建安十二年（207）彻底击溃袁尚、乌桓的联军，消灭了袁氏集团，统一了中国北部。

◎文苑拾萃

短歌行（其二）

（魏晋）曹操

周西伯昌，怀此圣德。

三分天下，而有其二。

修奉贡献，臣节不隆。

崇侯谗之，是以拘系。

后见赦原，赐之斧钺，得使征伐。

为仲尼所称，达及德行，

犹奉事殷，论叙其美。

齐桓之功，为霸之首。

九合诸侯，一匡天下。

一匡天下，不以兵车。

正而不谲，其德传称。

孔子所叹，并称夷吾，民受其恩。

赐与庙胙，命无下拜。

小白不敢尔，天威在颜咫尺。

晋文亦霸，躬奉天王。

受赐圭瓒，秬鬯彤弓，

卢弓矢千，虎贲三百人。

威服诸侯，师之所尊。

八方闻之，名亚齐桓。

虞寄自知巧避祸

◎有一种东西，比才能更罕见，更优美，更珍奇，那
就是自知之明。——格言

虞寄（509—579），字次安。虞荔的弟弟。入仕之初，岳阳王任命他为会稽太守，以为行参军，后来迁记室参军，后称病归隐。太清中年，授官为镇南湘东王谘议参军。及陈天嘉中年，入为衡阳王掌书记，拜为国子博士，称病辞官而去。宣帝即位，拜为东中郎、建安王谘议，加戒昭将军，又加太中大夫。太建十一年（579）病逝，享年70岁。

虞寄自幼聪明，思想敏锐。有一次，家里来了一位拜访其父亲的客人，正好在门口遇见虞寄。他听说虞寄很聪明，决定试试他，便对他开玩笑说："郎君姓愚（虞），必定无智。"

虞寄马上回答说："可不，连文字都不能分辨清楚，怎么会不愚呢？"

客人没想到会遭孩子嘲弄，满面羞愧。他见到虞寄的父亲，便对他说："您的孩子太聪明了，长大必有出息。"

梁武帝末年，"侯景之乱"爆发。当时，虞寄正在梁朝廷内做官。当京城被侯景攻陷后，虞寄便逃回家乡。后来，张彪往临川，强请虞寄与之同行，不料中途发生变故，虞寄便被劫持到晋安郡（今福建福州）。

当时，占据福建地区的是豪强陈宝应。陈宝应听说虞寄有才，大喜，便将他留在自己手下。陈霸先起兵，虞寄劝陈宝应响应，陈宝应从之。后来，朝廷要召虞寄为和戎将军、中书侍郎，陈宝应爱虞寄之才，便以道路险阻为由，留住他不放。陈宝应是地方上的豪强，其家为闽中四姓之一。他的父亲

陈羽，有才干，为郡中雄豪。

萧梁统治时期，晋安郡数次发生反叛朝廷、诛杀郡将之事。陈羽先是叛乱的煽动与参与者，后来又是官军向导，镇压叛乱，因此掌握了一郡的兵权。

梁末陈初，地方豪强势力迅速崛起，朝廷对他们控制不住。陈羽也自知自己年事已高，便将郡守的位置传给了儿子陈宝应。

按照规定，地方行政长官应由朝廷任命，不能世袭，但朝廷对陈氏父子的所作所为无能为力，只得承认现实。陈宝应大权在握，多有反叛之意。对此，虞寄已经有所察觉，他曾多次利用一切机会向陈宝应暗示叛逆必亡的道理，但陈宝应都当做耳旁风，根本不予理会。

有一次，陈宝应让左右之人为他念《汉书》，自己斜卧在床上闭目聆听。正好念到《蒯通传》，蒯通劝韩信造反一节，只听左右人念道："蒯通知天下权在信（指韩信），欲说信令背汉，乃先微感信曰：'仆尝受相人之术，相君之面，不过封侯，又危而不安；相君之背，贵而不可言。'"

陈宝应听到这里，猛地坐起来，连声称赞说："蒯通真可谓智士。"虞寄知道陈宝应的心思，便严肃地说："蒯通在韩信身边，一番话使郦食其丧生，又一番话使韩信骄狂，算得上什么智士！"陈宝应虽口上没说什么，心里却很不高兴。

虞寄知道陈宝应反意已定，自己怎么劝也不管用，为避免因陈宝应而牵连自己，他辞别陈宝应在东山寺中隐居下来。陈宝应多次派人前来请他，他都推说脚有病，不能走。

陈宝应认为虞寄装病，便派人在他的屋外放了一把火，告诉府下人，只要虞寄一躲避逃跑，便说明他能走，立即将他带来。屋外之火越烧越大，眼看着燃着了虞寄的卧室。亲近之人都劝虞寄避一避，虞寄说："生死有命，我能逃到何处？"仍坚卧不动。

纵火者见虞寄没有动静，只得将火扑灭，返回去复命。陈宝应这才认为虞寄真的有脚病，不再强求他了。

后来，陈宝应果然举兵造反，被朝廷军队打败。那些与陈宝应有关系的人全都受到株连，只有虞寄免于祸难。

◎故事感悟

人说，智者睹其未萌。意思说，聪明人在事物还未萌芽时，便能预见它的发展。虞寄也算得上是智者，他料到陈宝应造反必然不会成功，所以尽一切可能去说服他。但他的说服、劝谏却无力阻止事态的发展。当一切劝说无济于事时，他只能与陈宝应脱离干系而独善其身了。

◎史海撷英

好兆头

梁太清元年（547）正月的一天晚上，梁武帝做了一个梦。他梦见北朝的魏军官吏纷纷献土地，向他投降。他坐在张灯结彩的宫殿里，接受降书和文武百官的祝贺。梁武帝高兴得哈哈大笑。

梁武帝的笑声惊动了他身旁的侍从，随从连忙呼唤他，梁武帝这才惊醒过来。醒来后，他对梦中的事情仍然念念不忘，并时常对人说这是"好兆头"。

◎文苑拾萃

楚泽

（唐）李商隐

夕阳归路后，霜野物声干。

集鸟翻渔艇，残虹拂马鞍。

刘桢元抱病，虞寄数辞官。

白袷经年卷，西来及早寒。

人贵自知方能治国

◎知人者智也，自知者明也。——老子

魏征（580—643），字玄成。唐巨鹿（今河北巨鹿县人，又说晋州市或馆陶县）人，唐朝时期著名政治家。曾任谏议大夫、左光禄大夫，封郑国公，以直谏敢言著称，是史上最负盛名的谏臣。著有《隋书》序论，《梁书》《陈书》《齐书》的总论等。其言论多见《贞观政要》。

贞观十二年（638）三月的一天，因为生了皇孙，唐太宗就邀请五品以上的官员在东宫举行酒宴。

在宴会进行中，唐太宗说："贞观之前，跟随我夺取天下的，房玄龄的功劳最大；贞观以来，帮助我纠正多种错误的，魏征功劳最大。"于是亲自解下两把佩刀，分别送给房玄龄和魏征。

唐太宗对魏征说："你看我近年来的政事与往年相比有什么不同吗？"

魏征回答说："若论陛下的神威，应该说比贞观之初影响更远；然而要论人心的敬佩、诚服，恐怕不如以往。"

唐太宗听后，反问道："现在边远的一些国家，都敬畏我的威力，仰慕我国的政治，如果不是心悦诚服，何以能够做到这些呢？"

魏征说："以前，陛下您总是担忧国家治理不好，所以政绩日新；而现在您却认为一切都治理得安稳、太平，所以没有长进，不如过去。"

唐太宗听后，又问道："既然如此，那么为什么现在的做法与以前相同，却会有不同的结果呢？"

魏征回答道："贞观之初，陛下总是担心群臣不提意见，因此就诚恳地开导大家提有益的建议，高高兴兴地接受。现在虽然也能勉强接受，但总是面带着难色，所以说与过去是不同的。"

唐太宗继续问道："那么，有什么事实可以说明呢？"

魏征说："陛下以前曾要杀掉元律师，当时孙伏伽认为按照法律来衡量，不应处死他。陛下便赐给孙伏伽价值百万的兰陵公主园。有的人认为赏赐太优厚了，陛下还说：'我即位以来，还没有人给我提过意见，所以要对敢于提出意见的孙伏伽以厚赏。'当时，陛下是鼓励大家提意见。还有，司户柳雄伪造自己在隋朝的资历，陛下要杀掉他，后来由于听了戴胄的劝谏而停止，这表现出陛下是高高兴兴地接受群臣的意见。可是，前些时候，皇甫德参上书批评修缮洛阳宫，陛下对此十分气恼，后来虽然因为我求情而没有对他惩处，但您却是十分勉强的。"

唐太宗听了以后感慨地说："人最可悲的是不能自知。若是没有魏征，怎么能认清这个道理呢？"

◎故事感悟

诚然，唐太宗是有自知之明的，在治国过程中，他也在不断地自省。他的这些反思和自省最终成为一笔精神财富，使我们后人从中受益。

◎史海撷英

魏征做良臣不做忠臣

贞观元年（627），魏征被升任尚书左丞。这时，有人到唐太宗面前奏告，说魏征私自提拔亲戚做官，唐太宗立即派御史大夫温彦博调查此事。调查的结果是查无证据，纯属诬告。

但是，唐太宗仍然派人转告魏征说："今后要远避嫌疑，不要再惹出这样的麻烦来了。"

魏征当即面奏说:"我听说君臣之间应相互协助,义同一体。如果不讲秉公办事,只讲远避嫌疑,那么国家的兴亡或未可知。"

同时,他还请求唐太宗要让自己做良臣而不要做忠臣。太宗询问忠臣和良臣有何区别,魏征回答道:"使自己身获美名,使君主成为明君,子孙相继,福禄无疆,是为良臣;使自己身受杀戮,使君主沦为暴君,家国并丧,空有其名,是为忠臣。以此而言,二者相去甚远。"

太宗连连点头称是。

◎文苑拾萃

赋西汉

（唐）魏征

受降临轵道,争长趣鸿门。

驱传渭桥上,观兵细柳屯。

夜宴经柏谷,朝游出杜原。

终藉叔孙礼,方知皇帝尊。

"人各有能，有不能"

◎一个目光敏锐、见识深刻的人，倘又能承认自己有
局限性，那他离完人就不远了。——格言

李治（628—683），字为善。唐朝第三任皇帝，唐太宗李世民第九子、嫡三子。贞观五年（631）封为晋王，后因唐太宗嫡长子太子李承乾与嫡次子魏王李泰相继被废，他才于贞观十七年立为太子。贞观二十三年即位（649），时年22岁。李治在位34年，于弘道元年（683）驾崩，葬于乾陵，谥号天皇大帝，庙号高宗。

唐高宗时期，有一次，高宗李治来到濮阳，窦德玄骑马跟随，皇帝问道："濮阳这个地方又叫帝丘，为什么？"

窦德玄回答不出来。

这时，许敬宗从后面骑马跑到前面来说："过去颛顼在这里居住，所以才叫帝丘。"

高宗称赞说："回答得对。"

许敬宗退到后面对别人说："做大臣的人不能没有学问，我看见窦德玄回答不出来，心里实在替他害臊。"

窦德玄听到了许敬宗的话，说："每个人，都有做得到和做不到的，我不勉强回答自己本来不知道的事情，这是我能够做到的。"

高宗说："许敬宗见闻广博，确实不错；窦德玄所说的话，也是非常正确的。"

◎故事感悟

　　尺有所短，寸有所长。人人都有做得了和做不了的事，窦德玄能够正确认识自己的能力，并且诚实面对自己"所不能"，这种谦虚自知、坦荡无私的胸怀很可贵。

◎史海撷英

唐高宗与武后的关系

　　当李治还是太子的时候，就与当时身为唐太宗的才人武氏有染。太宗驾崩后，武则天与其他太宗的嫔妃几百余人被送往感业寺削发为尼。

　　后来，唐高宗的王皇后为了与萧淑妃争宠，便将武氏接回宫中，封为昭仪。最终，武氏施展手段成为皇后。

　　但是，高宗的母舅长孙无忌等门阀贵族却容不下武后。所以武后在掌权之后，便对这些人进行了严酷的打击。而唐高宗也因武后有主导政局的趋势，一度产生废后的打算。可是计划还没等实施，就被武后知道了，事情也只好作罢，然而却导致参与此事的上官仪一家被灭门。

　　这件事情发生后，唐高宗再也无法压制武后，后来又因患有眼疾，令政权完全操纵于武后手中。因此在高宗后期，唐王朝的朝政主要都由武氏来处理。

◎文苑拾萃

太子纳妃太平公主出降

（唐）李治

龙楼光曙景，鲁馆启朝扉。
艳日浓妆影，低星降婺辉。
玉庭浮瑞色，银榜藻祥徽。

云转花萦盖，霞飘叶缀旂。

雕轩回翠陌，宝驾归丹殿。

鸣珠佩晓衣，镂璧轮开扇。

华冠列绮筵，兰醑申芳宴。

环阶凤乐陈，玳席珍羞荐。

蝶舞袖香新，歌分落素尘。

欢凝欢懿戚，庆叶庆初姻。

暑阑炎气息，凉早吹疏频。

方期六合泰，共赏万年春。

唐太宗教子自知

◎良心炯炯，有过自知；知而不改，谓之自欺。——
《陈确集·文集·坐箴》

> 　　唐太宗李世民（599—649），唐朝第二位皇帝，年号贞观。唐朝建立初期，李世民受封为秦国公，后又晋封为秦王。此后发动玄武门之变，杀死自己的兄弟太子李建成、齐王李元吉两人，被立为太子，唐高祖李渊不久被迫让位，李世民即位。即位后，他积极听取群臣意见，努力学习文治天下，成为中国历史上最著名的政治家与明君之一，开创了唐朝历史及中国历史上著名的贞观之治，为后来的开元盛世奠定了重要的基础。唐太宗在位23年，享年50岁，初谥文皇帝，庙号太宗，葬于昭陵。

　　隋炀帝即位后，荒淫腐化，并且残酷地欺压百姓，使百姓的生活处于水深火热之中。不久之后，农民起义便如同烈火一般在全国蔓延，隋朝最终被推翻。

　　唐太宗李世民亲眼看到了隋朝的灭亡，也从中深刻地吸取了教训。所以，他在登上皇位之后，便尽心尽力减轻百姓的负担，不许官吏腐化。

　　有一次，太宗召集众大臣前来，嘱咐大臣们说："我原在民间生活，很了解百姓疾苦。当了皇帝以后，办事总是小心谨慎。即使如此，仍然常常出现差错。太子自幼生活在皇宫中，每天吃喝玩乐，百姓的困苦他一概不知，将来处理国家大事很可能出错。所以，你们一定要好好帮助他啊！"

　　此后只要有机会，唐太宗就教导太子李治，要其具有自知之明，了解自己的优点和弱点。

　　有一天，太子在湖中划船游玩，正巧赶上唐太宗从湖边走过。太宗就停住了脚步。太子见父皇来了，就将船划到岸边，问太宗道："父皇找我有事吗？"

唐太宗问："你知道船是靠什么行走的吗？"

太子想了想，答："靠水，才能行走。"

唐太宗又问："那你知道隋朝是怎样亡国的吗？"

太子想了想，说："隋炀帝残暴荒淫，大兴土木，迫害百姓，百姓就造反了。您顺应民心，才趁势灭掉了隋朝。"

唐太宗听后，点了点头说："你说得不错。可你知道吗？江河里的水好比是百姓，水上走的船好比是君王。水可以把船浮起来行走，也可以把船打翻，让船沉下去。我的意思是说，百姓可以使君王取得天下，百姓也可以使君王失去天下。"

太子恭敬地说："父皇说得极是。"

随后，唐太宗又再次叮咛太子说："千万千万记住这个道理啊！"

唐太宗的原话是："水可载舟，亦可覆舟。"

由于这句话道出了皇帝的真实处境，含有很深的哲理内涵，所以流传至今，成了一句不朽的名言。

◎故事感悟

人贵自知。怎样才能自知呢？唐太宗做得对，那就是让别人多提意见。自己的认识，清醒的分析，再加上别人的提醒与帮助，自然就可以少出错了。

◎史海撷英

唐太宗重视人才

唐太宗即位后，十分注重对人才的选拔。在选拔人才时，严格遵循德才兼备的原则。

唐太宗认为，在选拔人才时，只有选用大批具有真才实学的人，才能真正辅佐自己治理天下，从而使天下大治。因此，太宗曾先后五次颁布求贤诏令，并增加了科举考试的科目，以扩大应试的范围和人数，让更多有才华的人显露出来。

由于唐太宗对人才极为重视，因此在贞观年间也涌现出了大量的有才华之人，可谓是"人才济济，文武兼备"。也正是这些栋梁之才，用他们的聪明才智，为太宗时期"贞观之治"的形成作出了巨大的贡献。

◎文苑拾萃

唐代的长安城

唐代的长安城周围有70多里长，南北宽15里，东西宽18里，大体上成正方形。整个城分为三部分。其北部正中叫宫城，是皇帝和他的后妃、太子住的地方。宫城的南边叫皇城，是朝廷官员办公的地方。皇城的南边叫外郭城，也叫京城，是居住区和商业区。城里有东西大街14条，南北大街11条，这些笔直的大街纵横交叉，把城市划分成一个个的方块区域，方方正正像围棋盘，又像菜畦，称为"坊"，每个坊都有自己的名称。

外郭城的四面各有三个城门。朱雀大街纵贯南北，成为全城的中轴线。这条中轴线把长安城分成东西对称的两部分。

长安城有大明宫、太极宫和兴庆宫。城的东南角是有名的曲江，因为这里到处开满芙蓉花，所以又叫芙蓉园。园内亭台楼阁，湖水荷花，风景十分优美。每年三月三日风和日丽的时候，皇帝就带着嫔妃到曲江游春。沿岸到处悬挂着彩带，江中荡漾着无数的彩船。

唐代修建的长安城，有许多特点，像皇宫、渚署、住宅、市场分区设立，布局整齐、对称，设有中轴线等。这些，对当时日本、新罗（朝鲜古国）都城的建筑和后来我国城市的建筑，都有很大的影响。

杨振宁的自知之明

 ◎自知者不怨人，知命者不怨天。——荀子

> 杨振宁（1922— ），安徽省合肥市人。著名美籍华裔科学家、物理学大师、诺贝尔物理学奖获得者。1957年由于与李政道提出的"弱相互作用中宇称不守恒"观念被实验证明而共同获得诺贝尔物理学奖；此外他还曾在统计物理、凝聚态物理、量子场论、数学物理等领域做出多项卓越的贡献。

杨振宁是著名的美籍华裔科学家，诺贝尔奖获得者。

1943年，杨振宁在刚刚赴美国留学时，曾立志要写出一篇实验物理论文。在杨振宁看来，物理学的本质是一门实验科学，因此没有科学实验，也就没有科学理论。

1946年，杨振宁进入费米主持的博士研究生班后，便提出想在费米的指导下写出一篇实验论文。而当时费米正忙着在阿贡国家实验室从事军事科技研究，对于杨振宁这样刚到美国的中国人，是不允许随便进入国家实验室的。因此，费米就建议杨振宁先跟随泰勒进行一些理论方面的研究，实验也可以到艾里逊的实验室去做。

当时，艾里逊是美国芝加哥大学物理系的一名教授，正准备建造一台40万电子伏特的加速器。在费米的推荐下，杨振宁成为艾里逊的研究生。在艾里逊的实验室工作的一年半时间中，杨振宁了解到了搞物理实验的人每天都在做什么、想什么。换句话说，他领略到了这些人的价值观。

更为关键的是，当时在艾里逊实验室里还有这样一个笑谈："凡是有爆炸

（出事故）的地方就一定有杨振宁！"

　　杨振宁不得不痛苦地正视这一点：自己动手做实验的能力比别人要差！

　　由于费米教授的关照，被誉为美国氢弹之父的泰勒博士其实一直都在关注着杨振宁的一举一动。有一天，他问杨振宁："你做的物理实验是不是不太容易成功？"

　　"是的。"面对令人尊敬的前辈，杨振宁一点儿也没有隐瞒自己的弱点。

　　"我认为，你其实不必坚持一定要写出一篇实验论文，你已经写了一篇理论论文，我建议你还是把它再充实一下作为你的博士论文，我可以担任你的导师。"泰勒直率地对杨振宁说。

　　杨振宁听了泰勒博士的话，心情非常复杂。一方面，他感到自己实验能力确实差；而另一方面，他又不甘认输，非常希望通过实验能写出一篇论文弥补自己实验能力的不足。

　　杨振宁十分感谢泰勒博士的关怀，但要他下决心改变自己的初衷，又确实是件不太容易的事。

　　"我想考虑一下，两天后再回答您。"杨振宁恳切地对泰勒博士说。

　　杨振宁认真地考虑了两天。他想到了自己曾在厦门上小学时的一件事。

　　有一次在上手工课时，杨振宁兴致勃勃地捏制了一只鸡，拿回家给爸爸妈妈看。爸爸看完后，笑着问杨振宁："捏得很好、很好，这是一段藕吧？"

　　这样的事还有很多，一件接一件地从杨振宁的脑海浮现。他不得不承认，自己的动手能力确实不是强项。

　　最终，杨振宁接受了泰勒博士的建议，放弃写实验论文的打算。在做出这个决定之后，他简直是如释重负，毅然地将自己的主攻方向转入理论物理研究。从此，杨振宁也踏上了物理学之路，最终成为了一名世界著名的物理理论大师。

◎故事感悟

　　杨振宁放弃做实验论文的初衷，看似容易，但如果没有对自己冷静客观的分析，没有承认自己之短的勇气，是根本做不到的。他的经历告诉我们，当主观愿望与

客观结果之间存在差距时，我们不妨审视一下自己，看看是不是我们高估了自己。如果是，就应主动调整自己的目标，扬长避短，这样也不失为一种积极的人生态度。

◎史海撷英

杨振宁感谢吴大猷

1956年，杨振宁与李政道一起在美国的《物理评论》上发表了《对弱相互作用中宇称守恒的质疑》的论文。这一年的年底，著名科学家吴健雄等通过严格的试验，证实了杨振宁和李政道提出的这一理论。

1957年12月10日，35岁的杨振宁与31岁的李政道因为该论文登上了斯德哥尔摩诺贝尔奖领奖台。在这之前，杨振宁曾专门写信给吴大猷，感谢吴先生引导自己进入对称原理和群论的领地，并称后来包括宇称守恒在内的许多研究工作都直接或间接地与吴先生15年前介绍给他的那个观念有关。杨振宁在信中是这样写的："这是我一直以来都想告诉您的事情，而今天显然是一个最恰当的时刻。"

◎文苑拾萃

《邓稼先》节选

杨振宁

1971年8月，我在北京看到稼先时，避免问他的工作地点，他自己只说"在外地工作"。但我曾问他，寒春是不是参加了中国原子弹工作，像美国谣言所说的那样。他说他觉得没有，但是确切的情况他会再去证实一下，然后告诉我。

1971年8月16日，在我离开上海经巴黎回美国的前夕，上海市领导人在上海大厦请我吃饭。席中有人送了一封信给我，是稼先写的，说他已证实了，中国原子武器工程中，除了最早于1959年底以前曾得到苏联的极少"援助"以外，没有任何外国人参加。

这封短短的信给了我极大的感情震荡，一时热泪满眶，不得不起身去洗手间整容。事后我追想为什么会有那样大的感情震荡，是为了民族而自豪？还是为了稼先而感到骄傲？我始终想不清楚。

ZHONGHUACHUANTONGMEIDEBAIZIJING

中华传统美德百字经

知·自知知人

第二篇

慧眼能识人之明

商汤慧眼识伊尹

◎学者以识为主，以才为辅之。——许学夷

> 商汤（？—前1646），商朝的创建者（约前1675至前1646年在位），儒家推崇的上古圣王之一，在位30年，其中17年为部落首领，13年为商朝君主。姓子，名履，今人多称商汤，又称武汤、天乙、成汤、成唐，甲骨文称唐（音"唐"，为甲骨文的"唐"字）、大乙、太乙，又称高祖乙。经过11次战役，打败了夏桀王于鸣条之野，一举灭夏。由于商汤以武力灭夏，打破了君王永定的说法，从此中国历代王朝皆如此更迭，因而史称"商汤革命"。汤建立商朝后，对内减轻征敛，鼓励生产，安抚民心，从而扩展了统治区域，影响远至黄河上游，氐、羌部落都来纳贡归服。

夏朝末年，夏桀在位期间，荒淫无度，穷奢极欲，最终惹得天怒人怨、众叛亲离。商汤决心顺乎民心，推翻夏桀的统治，并为此做了大量准备。

然而万事俱备，只欠东风：商汤还缺一位足智多谋、运筹帷幄的栋梁之才辅佐。为此，商汤日日寝食难安。

正当商汤心急如焚之际，商汤的妻子的一个陪嫁奴隶、正在担任厨师的伊尹表现有些反常。这个人平时都是尽心尽职地工作，可是这几天也不知怎么了，做的饭菜不是淡而无味，就是咸得发苦。

商汤很生气，就派人把伊尹找来训斥。然而伊尹却不慌不忙地说："我当然知道做饭不能太淡，也不能太咸，只有咸淡适宜、五味调和，吃起来才最香甜。这几天我做的饭菜时淡时咸，其实是想借此提醒大王：治国与做菜的道理是一样的，既不能操之过急，也不能放松懈怠。只有不温不火，恰到好处，才能如愿以偿。"

商汤听了，大吃一惊，他没想到一个做饭的奴隶居然能够说出这样有道理的话来，而且还深谙治国之道。

商汤觉得这个人肯定是有些来历，于是便暗中了解伊尹的身世。他惊喜地发现：伊尹原是一位博学多才的大学士，还曾经在莘国为国君女儿做过宫廷教师。只是后来因为莘国灭亡，伊尹才辗转做了商汤妻子的陪嫁奴隶。毫无疑问，这是一位胸怀大志、精通韬略的奇人。要想推翻夏桀，建立新的政权，伊尹正是难得的栋梁之才。

商汤大喜，当即解除了伊尹的奴隶身份，任命他为右相。

从那以后，商汤经常与伊尹商议国家大事，并依照伊尹的建议，在百姓中间广造舆论，历数夏桀骄奢淫逸、倒行逆施的种种罪行，号召被夏朝统治的部族部落归顺商朝，一同反叛夏朝；对不听规劝的葛伯族，商朝又出兵讨伐，予以消灭；对夏朝的羽翼，如韦、顾、昆吾等，则各个击破，使夏朝孤掌难鸣。

同时，商汤还采纳了伊尹提出的统战策略，对部族中的某些人宽容对待，给他们改邪归正的机会。这样一来，商汤的美名迅速远播，成为众望所归的领袖，得到了广大百姓的拥戴。

于是，商汤在伊尹的辅佐下发表宣言，挥师讨伐夏朝，终于推翻了夏桀的暴戾统治，建立了商王朝。

◎故事感悟

今天看来，商汤获得伊尹帮助而成就大业的事件是有一些偶然性，但其中也有必然性，这就是商汤一心求贤的结果。假如商汤不是求贤若渴，朝思暮想，像伊尹这样身份低贱的奴隶是不会进入他的视线的。正是由于商汤处处留意，诚心求贤，不拘一格，礼贤下士，才成就了这段佳话。

◎史海撷英

鸣条之战誓师

约公元前1766年，商汤兴兵伐夏。在出发前，商汤举行了隆重的誓师活动，他历数夏桀残酷盘剥、压迫民众的罪行，申明自己是秉承天意讨伐夏桀，以救民于水火之中。同时，商汤还宣布了严格的战场纪律。

商汤激奋地说："来吧，诸位，你们都要听我的话，不是我大胆发动战争，是因为夏王犯了许多罪行，所以，上天才命令我上前讨伐它！

"现在，你们大家常说：我们的国王太不体贴我们了，把我们种庄稼的事儿都舍弃了。犯了这样大的错误，怎么可能纠正别人呢？我听到你们说的这些话，知道夏桀犯了许多罪行。我怕上天发怒，不敢不讨伐夏国！

"现在你们将要向我说：夏桀的罪行究竟怎么样呢？夏桀一直要人民负担沉重的劳役，人民的力量都用完了，他还在残酷地剥削压迫人民。人民对夏桀的统治非常不满，大家都急于奉上，对国君的态度很不友好，甚至要与夏桀一起去死！夏国的统治已经坏到这种程度，现在我下决心要去讨伐它！

"你们只要辅助我，奉行上天的命令讨伐夏国，我就要加倍地赏赐你们。你们不要不相信，我是决不会失信的！假若你们不听从我的话，我就要惩罚你们，让你们当奴隶，决不宽恕！"

◎文苑拾萃

七律·读史之商汤

佚名

怜禽诲祝收三罟，伊仲臣贤草白陶。

德顺归心除葛伯，时来决意战鸣条。

注定昏残终鼎鼐，秉赓仁义得渔樵。

幽幽太古声断续，偃师汤冢可萧萧。

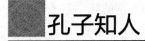

孔子知人

◎高者未必贤，下者未必愚。——白居易

鲁哀公（？—前468），姬姓，名蒋，春秋时诸侯国鲁国君主之一。

孔子认为，人可以分为五品：庸人、士、君子、贤人、大圣。

有一次，鲁哀公问孔子："请问，怎样行事算是庸人呢？"

孔子回答说："我所说的庸人，嘴里说不出有道理的话，心里不知思虑；不懂得选择贤能善良的人，把自己托付给他，让他分担自己的忧困；行动没有目的，不知道该在什么地方停下来；每天都在忙于选择事物，却不知道什么东西可贵；盲目跟从外物的驱使，却不知自己应该有个什么归宿；放任利欲侵害自己的本性，心情日趋败坏。像这样行事的人，就算得上是庸人了。"

鲁哀公说："好。那么请问，怎样行事算是士呢？"

孔子又回答说："我所说的士，虽然不能穷尽各种道术，但总要有所遵循；虽然不能事事做到尽善尽美，但总要能够落实。所以，士对于知识并不求多，而是追求所掌握的知识达到精深的程度；他们对于言语也不求多，而是追求使自己讲的话精当；他们还不妄求多做，而是追求用最恰当的方式来做事。所以，对于他们，知识既然已经取得了，言语既然已经说出来了，行为既然已经发生了，就好像是生命、肌肤不可改变一样。因此，富贵并不足以替他增加什么，卑贱也不足以损害他什么。能够这样行事的人，就称得上是士了。"

于是，鲁哀公又问孔子怎样行事才算是君子。

孔子回答说："我所说的君子，说话讲求忠信，但内心并不以道德高人一等自居；行为讲求仁义，但并不露出得意的神色；思考问题明白练达，但言辞并不锋芒毕露。这样就让人觉得谁都能够比得上他似的，这就算是君子了。"

随后，孔子又向鲁哀公讲述了贤人的标准，即"行动合乎规矩，又不觉得本性受到压抑；言语足以为天下效法，但却能保证自己不为人言所伤；掌握着天下的财富，但却没有不义之财；恩惠遍及天下，而自己又不用为贫困所忧虑。能做到这些，就算得上贤人了"。

最后，孔子还向鲁哀公讲述了大圣的标准，他说："我所说的大圣，是通达大道，有无限的应变能力，明了万物情性的人。大道，就是借以变化而造就出万物的法则；情性，就是生来如此，难以变换的本性。所以，他要做的，是辨别天地间的万物，他对事物的明察洞悉就好比是日月，他还要像风雨一样普施万物。他的态度虽说是平平和和，但他的行为是不可仿效的，就好像是天的儿子，他的行为是人们不可理解的，百姓们浅薄，所以不可能认识到他所从事的事情。这样的人，就叫做大圣了。"

◎故事感悟

孔子对于人物的这段品评，最基本的一个标准就是看人能否以及在何种程度上识得大体。以此为根据，孔子把人分为庸人、士、君子、贤人、大圣五个层次。其实，在孔子看来，鉴别人的标准与一个人自我修养的标准是一致的。孔子树立起这个对人的衡量标准，实际在于他期望人们对于自己的一生都有一种理性的自觉。

◎史海撷英

长幼之乱

在春秋战国时期，鲁国曾发生过几次废长立幼、杀嫡立庶的事件。始作俑者，可以追溯到周宣王时期。

公元前825年，鲁真公薨，其弟敖立，是为鲁武公。武公有两个儿子，分别为长子括和少子戏。

武公九年（前817），鲁武公带着两个儿子括与戏去朝拜周宣王。周宣王很喜欢少子戏，于是便做了一件十分荒唐的事：立戏为鲁国的太子。

卿大夫樊仲山父劝谏周宣王说："废长立幼，不合规矩。不合规矩而您一定要这样做的话，日后鲁国就一定会违背您的旨意。违背了您的旨意，那就是要讨伐的，不讨伐的话那对您的威信也有损害。如果真的发展到那个地步，对大家都不好。您看，是不是不要下这个命令呢？"

但周宣王根本听不进任何劝谏，下命令立戏为鲁国的太子，日后当鲁国的国君。鲁武公对此有些郁郁不乐，结果回到鲁国后没多久就死掉了。于是太子戏即位，是为鲁懿公。

果然，后来鲁懿公被他哥哥括的儿子伯御杀掉了。随后，伯御做了11年的鲁国国君，最后被周宣王发兵伐灭。

周宣王把伯御诛杀后，又立懿公戏的弟弟称，是为鲁孝公。从那时起，周天子的威信便日益下降，而各个诸侯国弑君的事件也时有发生。

◎文苑拾萃

孔子名言

（1）学而不思则罔，思而不学则殆。

（2）温故而知新，可以为师矣。

（3）知之者不如好之者，好之者不如乐之者。

（4）三人行必有我师焉，择其善者而从之，其不善者而改之。

（5）君子有成人之美，不成人之恶，小人反是。

（6）道不同，不相为谋。

（7）过而不改，是谓过矣。

（8）君子怀德，小人怀土；君子怀刑，小人怀惠。

（9）唯仁者能好人，能恶人。

（10）君子欲讷于言，而敏于行。

（11）见贤思齐焉，见不贤而内自省也。

（12）行己有耻，使于四方，不辱君命，可谓士矣。

（13）君子敬而无失，与人恭而有礼，四海之内皆兄弟也，言忠信，行笃敬，虽蛮貊之邦，行矣。言不忠信，行不笃敬，虽州里，行乎哉？

（14）吾日三省吾身：为人谋而不忠乎？与朋友交而不信乎？传不习乎？

（15）躬自厚而薄责于人，则远怨矣。

五张羊皮换相国

◎我们要养成人才，发现人才。——邓小平

　　秦穆公（？—前621），一作秦缪公。春秋时代秦国国君。嬴姓，名任好。在位39年（前659年—前621）。谥号穆。秦穆公在位期间非常重视人才，其任内获得了百里奚、蹇叔、丕豹、公孙支等贤臣的辅佐，曾协助晋文公回到晋国夺取王位。周襄王时出兵攻打蜀国和其他位于函谷关以西的国家，开地千里，因而周襄王任命他为西方诸侯之伯，遂称霸西戎。

　　晋献公在位期间，听说有个名叫百里奚的人很有才能，尤其在谋略上高人一筹，便想请他来为晋国做事。可是晋献公派了好几个人去劝说百里奚，百里奚却死活都不肯来。

　　晋献公想，百里奚既然不答应为晋国出力，那么就不能把这个人留在身边。于是，周惠王二十三年（前655），晋献公将百里奚作为陪嫁的奴隶发配到秦国去了。

　　百里奚被充当陪嫁的奴隶后，十分生气，于是就趁人不注意，在半路上逃跑了。刚刚跑到楚国，百里奚就被楚兵抓住了，并被楚国当成俘虏，成了放马的奴隶。

　　等到陪嫁的人到了秦国后，秦穆公发现有一个名叫百里奚的陪嫁奴仆不见了，便问晋国来的公孙枝，是否知道这个百里奚。公孙枝说："这人本来是虞国的大夫，虞国灭亡后，他就陪虞君一道当了俘虏。他是个很有才能的人，晋公本来想重用他，可他不愿意为晋国出力。这人既有计谋，又十分忠君，只可惜

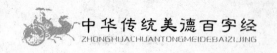

明珠暗投，遇到了虞国的国君。否则，哪个君王得到他都会十分高兴的。"

本来已经有了称霸中原想法的秦穆公，这时正在积极地招纳人才。听了公孙枝的介绍后，秦穆公马上就想找到百里奚。于是，他立即四下派人寻找，后来得知在为楚国放马的人当中有一个名叫百里奚的人。

秦穆公便准备派使者带着厚礼去见楚成王，赎回百里奚。公孙枝见状，急忙劝阻秦穆公说："要赎回百里奚，主公用这么贵重的礼物反而办不成！"

秦穆公一听很奇怪，便问道："为什么赎不回来呢？"

公孙枝不慌不忙地说："百里奚在楚国放马，是因为他的才能还没有被楚国人发现。如果我们用这样贵重的礼物去交换一个放马的奴隶，那不就等于告诉楚王这个秘密了吗？到那时楚王怎么肯放他回来呢？"

秦穆公一听，恍然大悟："对呀对呀，那就派人带着五张羊皮去换百里奚吧，这就是现在一个奴隶的价钱。"

秦国的使者到了楚国后，就对楚成王说："我们国家有一个名叫百里奚的奴隶偷偷跑到贵国了，现在国君派我来赎回他，当众治他的罪，也好吓吓其他奴隶，让他们以后都能听话一点儿。"说着，使者献上了五张羊皮。

楚成王也不在意，认为就是一个普通的奴隶，随便给他们就是了，于是就让人把百里奚从南海带回，把他当成一般的奴隶交给了秦国的使者。

在秦国的边境，公孙枝早已奉命在等候百里奚了。到达的第二天，百里奚就被公孙枝带去见秦穆公了。

百里奚当时已经是一位满头白发的老者了。一见面，秦穆公便十分失望，随口问道："您多大年纪了？"

百里奚回答道："已经七十多岁了。"

秦穆公叹息道："唉，可惜太老了。"

百里奚说："那要看做什么事了。如果让我去追赶飞鸟，或者捕捉猛兽，那确实老了；但主公如果是让我为国出谋划策，运筹帷幄，那还正当年呢！我现在比当年帮助周武王夺下天下的姜太公还年轻10岁呢，难道就没用了吗？"

这番话说得让秦穆公连连点头，对百里奚马上就刮目相看了，并向他请教富国强兵的方法。百里奚对答如流，条分缕析，让秦穆公十分钦佩。

　　秦穆公越听越高兴，不由地称赞百里奚道："天助我矣！天助我矣！我有了先生，如同齐君有了管仲啊！"说罢，秦穆公就准备拜百里奚为相。

　　可是百里奚怎么都不肯答应，他对秦穆公说："我的朋友蹇叔的本事才华远远在我之上。主公如果能用蹇叔为相，就一定能够完成称霸中原的愿望。"

　　秦穆公一听，马上派人去蹇叔隐居的地方，请蹇叔出山。

　　来者找到蹇叔后，恭敬地向蹇叔呈上书信。蹇叔看完信后说："当时虞君败亡，就是因为不信任百里奚，听不进他的忠告。现在，一个百里奚已经足够辅佐秦公成就霸业了。我已经隐居多年，不想再出去做事了，请回去代我向秦公致谢吧。"

　　来者一听，慌忙说道："百里奚大夫说过，他也不愿一个人在那儿。如果您不去秦国，他也要去隐居。"

　　蹇叔一听这话，无可奈何地说："为了成全百里奚，看来我只好去一趟秦国了。"

　　蹇叔到了秦国，秦穆公便问他治国图霸的良计。他侃侃而谈："秦与西戎相接，百姓久与戎民杂居，多数不懂礼教，因此应该首先使百姓懂得法律的威严，知事有可为者，也有不可为者；要加强对百姓的教导，使他们知道荣辱；要树立国家的正气，对犯罪的人施以刑罚。这几件事办好了，富国图霸的事才有基础。"

　　秦穆公又问："我想称霸诸侯，该从哪里做起呢？"

　　蹇叔答道："首先，要做到三戒：一戒贪图小利，二戒气愤蛮干，三戒急于求成。"他还进一步解释说："人们吃亏往往是因为贪图小利；失去理智往往是因为愤怒而冲动；做事失误或失败，往往是因为急于求成，而没有细加筹划。只有打下牢固的基础，才能去创图霸的事业。"

　　蹇叔的一番话让秦穆公心服口服，大有相见恨晚之意，连声道："蹇叔和百里奚真是我创立霸业的左膀右臂啊！"

　　第二天，秦穆公就拜蹇叔为右相，百里奚为左相。从此以后，蹇叔和百里奚辅佐秦穆公教化民众，实施变革，秦国一天天强盛起来，秦穆公也最终成就了霸业。

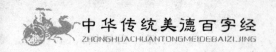
◎故事感悟

虞、晋、楚不善于识才，致使百里奚未有机会显露出来。秦穆公慧眼识才，知人善任，终成霸业。这说明明君之治，患不知人；明君之德，莫大于知人。古今时世不同，但"国之兴亡，务在得人"的道理相同。如果说古代"帝王之德，莫大于知人"，那么，今天人之德，亦莫大于识才。只有善于识才用才，才能做到才尽其用。

◎史海撷英

秦晋之好

秦穆公在位期间，为了将来称霸诸侯，便想与当时力量强大的晋国结盟。于是，秦穆公便向晋献公求婚，晋献公将自己的大女儿嫁给了秦穆公。

晋献公晚年荒淫昏庸，为了讨好年轻的妃子，便要立自己的小儿子为国君的继承人，结果杀掉了当时的太子申生。于是，另外两个儿子夷吾和重耳为了活命，分别逃到其他的诸侯国避难。

后来，夷吾得到了姐夫秦穆公的帮助，做上了晋国国君。但不久后，夷吾便与秦国翻脸。他忘掉了秦国对他的帮助，反倒出兵攻打秦国，最终被秦国打败，只好割地求饶，还让自己的儿子公子圉到秦国做人质，这才把两国的关系修复好。

秦穆公为了笼络公子圉，又把自己的女儿怀嬴嫁给了公子圉。按理说，秦国和晋国的关系应该很稳固才是，然而公子圉听说自己的父亲病了，担心国君的位置被别人抢走，就扔下妻子，一个人偷偷跑回了晋国。

第二年，夷吾一死，公子圉做上了晋国的君主，便与秦国不再往来。这让秦穆公十分生气，立即决定要帮助重耳当上晋国的国君。因此，秦穆公就把逃到楚国的重耳接了过来，还要把女儿怀嬴改嫁给他，并帮助他成为晋国的国君，是为晋文公。

而秦穆公也在重耳死后不久，借机打败了已成为中原霸主的晋国，成为"春秋五霸"之一。

◎文苑拾萃

秦穆公墓

（宋）苏轼

橐泉在城东，墓在城中无百步。

乃知昔未有此城，秦人以泉识公墓。

昔公生不诛孟明，岂有死之日而忍用其良。

乃知三子徇公意，亦如齐之二子从田横。

古人感一饭，尚能杀其身。

今人不复见此等，乃以所见疑古人。

古人不可望，今人益可伤。

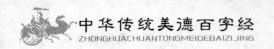
管仲慧眼识奸佞

◎听其言必责其用，观其行必求其功。——《韩非子·六反》

> 管仲（约前723—前645），姬姓，管氏，名夷吾，字仲，谥敬，被称为管子、管夷吾、管敬仲。出生于颍上（今安徽省颍上县）。春秋时代齐国的政治家、哲学家，周穆王的后代。被视为中国历史上宰相的典范，任内大兴改革，重视商业。

齐桓公晚年时期，非常宠信两个人，一个名叫易牙，一个名叫竖刁。然而，这两个人却没什么真本事，都是溜须拍马的高手。

有一天，齐桓公与易牙在一起谈话。齐桓公说："天下的荣华富贵、美味佳肴我都享用过了，可是却没有尝到过人肉的味道。"

第二天，易牙就为齐桓公做了一碗热腾腾的肉。齐桓公吃完后，觉得从来没有吃过这种肉，就问易牙这是什么肉。

易牙说："君侯昨天为了没有尝过人肉而遗憾，晚上回家后我就把儿子杀了。刚才您吃的，就是我儿子的肉。"

齐桓公听了，非常感动，觉得易牙真是太忠于自己了，从此对易牙也更加宠信。

而竖刁是一个太监，他进宫的目的就是为了接近齐桓公。但齐桓公却认为他也是一个可以信赖的人。

管仲为齐桓公的霸业一生呕心沥血，最终积劳成疾，将不久人世了。听说管仲病得很重，齐桓公便亲自到管仲的病榻前去看望。

齐桓公问管仲："仲父还有什么话要教导寡人吗？"

管仲说："希望您能疏远易牙和竖刁这两个人。"

齐桓公不解地问："易牙为了我把自己的儿子都杀了，难道他这样还不可靠吗？"

管仲说："人没有不爱自己儿子的，而易牙对自己的儿子尚且如此残忍，怎么能够真正地爱您呢？"

齐桓公说："竖刁为了侍奉寡人，不惜自阉，难道这样的人也不能信任吗？"

管仲说："人之常情无不爱惜自身，竖刁为了进宫自阉其身，他对自己尚且如此残忍，怎么能真正地善待君侯呢？"

齐桓公说："这两个人既然是小人，那么这么多年为什么他们一点儿都没有造反的迹象呢？"

管仲说："那是因为一直有我在。这些小人就像洪水一样，而臣就是防止洪水泛滥的堤坝。臣死了之后，这些洪水就要泛滥了呀！"

齐桓公听从了管仲的劝说，回去后就把易牙和竖刁赶走了。

在以后的几年里，齐桓公没有易牙和竖刁的伺候，总是觉得饭也不香，觉也不稳。他想，可能是管仲太多虑了，凭这样两个人怎么就能造反呢？

于是，齐桓公又把易牙和竖刁招回来伺候自己。

过了一段时间后，齐桓公病了，易牙和竖刁果然联合起来作乱了。他们用砖堵死了宫门，又在外面垒起了高高的围墙，不许任何人进来。齐桓公在宫里叫天天不应，喊地地不灵，最后被活活地饿死了。

在临死前，齐桓公慨然长叹："仲父真是圣人呀，我真后悔没有听从他的劝告，才落到如此下场。我死后，有什么脸面去见仲父呀！"

齐桓公不但死于非命，而且在死后的很长时间里都不能入土安葬。

◎故事感悟

　　管仲认为易牙、竖刁二人包藏祸心，不可重用。可惜的是，齐桓公不但没有看出这一点，也没有听从管仲的忠告，终于被易牙等人所害。事实证明了管仲在识人方面具有非凡的智慧。

◎史海撷英

管仲的经济政策

管仲在齐国为相期间，采取了一系列的经济政策，主要是"遂滋民，与无财"（《国语·齐语》）。其具体办法就是"轻重鱼盐之利，以赡贫穷"（《史记·齐太公世家》），或言"通轻重之权，徼山海之业"（《史记·平准书》），以至"通货积财，富国强兵"（《史记·管晏列传》）。

在《管子》一书中，有这样的记载：管仲反对向"树木"、"六畜"和人口抽税，而主张"唯官山海为可也"。这里的"山海"，指的就是铁和盐（《管子·海王》）。

管仲还实行了粮食"准平"的政策，也就是"民有余则轻之，故人君敛之以轻；民不足则重之，故人君散之以重，凡轻重敛散之以时，则准平。……故大贾富家不得豪夺吾民矣"（《汉书·食货志》下）。

这种"准平"政策不但是一种平衡粮价的政策，而且还间接承认了农民自由买卖粮食的权利及自由私田的合法性，并且保障了私田农的生产利润。

◎文苑拾萃

贤者之孝二百四十首·管仲

（宋）林同

战败不羞走，谁为知我深。
叔知我有母，亮我走时心。

李悝知人善任

◎教之，养之，取之，任之，有一非其道，则足以乱
天下之人才。——王安石

李悝（前455—前395），战国时代著名思想家。公元前422年任魏国相，主持变法，其重农与法治结合的思想对商鞅、韩非影响极大，故一般认为他是法家的始祖。

有一次，魏文侯问李悝，魏成和翟璜谁可做宰相。李悝起身一揖，答道："臣乃局外之人，不敢回答大王的提问。"

文侯说："事到临头，先生就不要再谦让了。"

李悝这才说："圣上要想知道一个人的品格和能力，平日里要观察他亲近一些什么人；富贵之后，观察他交往些什么朋友；位居高官之后，观察他给国家推荐了什么人；不得志而处境困难时，观察他是否做了不该做之事；贫寒拮据时，观察他是否接受不义之财。以此五点为标准去衡量一个人，才可得到贤才。"

魏文侯听罢，说："先生，谢谢您，我明白了。"

李悝出宫，恰遇翟璜。翟璜说："听说主上召先生征询相国人选，最终决定以谁为相？"

李悝说："魏成。"

翟璜露出了不悦的神情，说："镇守西河的吴起是我推荐的；治理邺地的西门豹是我推荐的；征伐中山的乐羊是我推荐的；攻克中山之后，连镇守您，都是我推荐的；太子无老师，我推荐了屈侯鲋。我的所作所为，哪一点比不

上魏成？"

李悝说："您当时向主上推荐我，难道是要让我在主上面前多说好话，为您日后求得高官显爵铺设道路吗？主上问我谁做相国合适，我只不过是谈了用人的道理，并没有具体推荐谁做相国。之所以知道君主定会选择魏成，是因为魏成虽年俸丰厚却善于克己，卜子夏、田子方、段干木三位贤者都愿意辅佐他。这三个人主上皆尊为老师，而您推荐的五位，主上只用作臣。与之相比岂可同日而语？"

翟璜迟疑了片刻，面露惭色，说："听君一席话，胜读十年书。我乃鄙陋之人，言多失当，情愿终生做先生的弟子，接受先生的教诲。"

◎故事感悟

了解一个人要靠天长日久地观察，观察他在失意时和得志时的一言一行，从生活中点点滴滴的小事里了解他的品行。欲成大事者，身边能有李悝这样的贤臣，离成功就不远了。

◎史海撷英

李悝的政治主张

执政期间，李悝主张废止世袭贵族的特权，提出了"食有劳而禄有功，使有能而赏必行，罚必当"的建议。

李悝将无功而食禄的人称为淫民，意欲"夺淫民之禄以来四方之士"。这也是我国历史上第一次对腐朽落后的世袭制度的挑战。李悝的这一政治主张也将一批对国家无用且有害的特权阶层人物赶出了政治舞台，而让一些出身于一般地主阶层的人，因战功或才能而跻身于政界，为以后的封建制代替奴隶制开辟了道路。

李悝的改革大大地削弱了魏国的世袭制度。从这以后，封君在封国食邑内不再有治民之权，只有衣食租税；官吏制度也有所改善，政治情况逐渐变好。

◎文苑拾萃

李悝与《法经》

李悝汇集了当时各国的法津，编成了六篇《法经》，包括盗法、贼法、囚法、捕法、杂法和具法，成为我国古代第一部比较完整的法典。其内容主要阐述了国家应如何维持治安、缉捕盗贼、防止人民反叛及对犯罪者的判刑等等。在以上六篇当中，《具法》一篇为全书的总目录。

后来，商鞅听说秦孝公雄才大略，便携带这部《法经》来到秦国，以此书作他变法内容的蓝本，从而成就了历史上著名的"商鞅变法"。

如今，《法经》仅存篇目，内容多数已经失传，但仍然可以《秦津》及睡虎地的秦简中反映出一部分内容来。

司马熹巧投靠山

◎报国之忠，莫如荐士；负国之罪，莫如蔽贤。——司马光

司马熹（生卒年不明），一作司马喜，又作司马憙，中山铭文作司马赒，皆同音字的假借。卫国人，任中山相邦，为中山国中山成公、王、中山王（妾子）三朝大臣。

春秋战国时期，中山国位于赵国与燕国之间。当时，中山国的国王妃嫔众多，但却一直没有立王后，因此这些嫔妃之间明争暗斗，尽量讨国王的欢心，想让国王立自己为王后。其中，又以阴姬和江姬的希望最大。她们二人私下里钩心斗角，争夺十分激烈。

司马熹是中山国的谋臣。对于他来说，立王后这件事是他可以谋求个人发展的一个好机会。为此，司马熹经过认真的分析对比，决定帮助阴姬。

司马熹首先拜访了阴姬的父亲，告诉对方，自己有一个可以帮助阴姬的好办法，希望能与阴姬面谈。阴姬听说后，十分高兴，马上暗中与司马熹见面。

不久，中山王便指派司马熹以使者的身份出使赵国。在与赵王谈过公事后，司马熹与赵王的谈话便转入了闲谈。

在谈话间，司马熹故意说以前曾听说赵国是个出美女的地方，然而这次到赵国看了以后却感到很失望，因为没有看到特别出色的。然后，他又大谈中山国的阴姬如何貌美如花，天下几乎无人能比。

荒淫无道的赵王听说后，恨不得马上把阴姬夺过来，因此就想让司马熹帮忙。这时，司马熹又赶紧说中山王是很喜欢阴姬的，他可做不了主，并且还说希望赵王不要把他们的谈话告诉中山王。

司马熹回国后，又私下里告诉中山王，说他听说赵王很喜欢阴姬，而且正在打阴姬的主意，想把她接到赵国做王妃。中山王听后，大骂赵王无耻，并向司马熹寻求办法。

司马熹趁机说："现在，赵国的实力比我们强大，如果他们派兵来攻打我们，抢走阴姬，我们也没办法。但是如果直接把阴姬送过去了，别的国家肯定会耻笑我们懦弱，连大王的爱妃都要拱手相送。现在，只有马上立阴姬为王后，绝了赵王的念想，赵王也就无计可施了，因为我们还从来没听说过抢别国的王后为妻的事情呢！"

中山王听后，大赞司马熹的办法好。于是，阴姬就这样顺利地登上了王后的宝座。

◎故事感悟

司马熹靠智慧使阴姬登上了皇后的宝座。也正是因为他了解中山王，抓住中山王的弱点，才能做到这一点。这个故事教育我们，在遇到问题时，要动一动脑筋，要充分认识自己，了解别人，然后充分发挥自己的智慧，从而达到目的。

◎史海撷英

中山国的灭亡

公元前305年，赵国的武灵王发动了吞兼中山国的战役。这时，中山王因腐败无能，导致中山国的实力大不如前。因此，中山王只好向赵国割地求和，苟延残喘。两年后，赵军再一次进攻中山国。

公元前296年，中山国的国都灵寿陷落。在抵抗赵军的过程中，中山人吾丘鸠"衣铁甲，操铁杖以战，而所击无不碎，所冲无不陷，以车投车，以人投人"（《吕氏春秋》），顽强奋战。然而大势已去，中山国的将士和军民已经无法再使中山国死而复生了。

赵国在吞并中山国的初期，曾扶持傀儡的中山王胜。公元前295年，赵国又把胜废掉并迁到肤施（今陕西省榆林之南），中山国至此灭亡。

秦始皇慧眼识才

◎慧眼识英雄。——格言

> 秦始皇（前259—前210），嬴姓，赵氏，名政，又称赵政，后世俗称嬴政，自称
> "始皇帝"。战国末期秦国的君主，后经秦灭六国之战而统一了中国，开创秦朝，成为
> 中国首位皇帝（不含追尊皇帝）。秦始皇是中国历史上的第一个皇权专制社会中央集权
> 体制国家的创立者，也是中国历史上第一个使用"皇帝"称号的君主。秦朝的建立，
> 对2000年的中国帝制历史和世界历史产生了深远影响。

秦始皇是第一个统一中国的皇帝。有人说他暴戾，但是，他所创立的令人羡慕的事业，只靠暴戾是不可能取得的。

秦始皇很爱惜人才。吕不韦的相国一职被秦王撤掉后，回到了封地洛阳。这时，一些王族对秦始皇说："那些宾客从外国来，必定是替他们的国君办事，会使我们秦国内乱，应该把他们驱逐出去。"

秦始皇听了他们的话，开始驱逐宾客。客卿李斯也在被逐之列。

李斯在临走之前，向秦始皇上书说："秦穆公在位时到处寻求人才，从西戎族找到了由余，在宛地找到百里奚，从宋国迎来蹇叔，从晋国召来丕豹和公孙枝。结果秦国强大了，吞并了20个国家，称霸西戎。秦孝公在位时，任用商鞅，采取变法，诸侯全都归附于秦。秦惠王在位时任用张仪，结果打破了六国的合纵联盟，使之归附于秦。秦昭王在位时，任用范雎，加强王权，堵塞私家势力。这四位有名的国君，他们都是因为采用了客卿的意见才使秦国强大起来。这样说来，客卿对秦国有百益而无一害。秦国不出产美女、音

乐、珍珠和宝玉，可是您却在享用。对人才呢？您不问是否贤能，只问是不是秦国人，是否您觉得美女、音乐、珍珠和宝玉比人才更重要？我听说泰山不却微尘，故能成其大；河海不择细流，故能成其深。三皇五帝就是凭此而无敌于天下。现在您却要把百姓抛弃，去援助敌国；把宾客赶走，叫他们去帮助其他诸侯国，这不是'把武器借给敌寇，把粮食送给强盗'吗？"

秦王看罢，马上召见李斯，恢复他的官职，同时也撤销了驱逐客卿的命令。

◎故事感悟

自古以来，有作为的君主总是把人才看做最重要的财富。只有那些昏庸的君主，才会把进忠言的人赶走。能够名垂青史的君王，一定是礼贤下士的贤君，绝不会是那些只爱听顺耳谄言的昏君。同理可证，那些流芳千古的君王，也绝对不会是那些不懂得珍惜人才的庸人。

◎史海撷英

秦灭赵国

公元前229年，秦国利用赵国发生大地震和大灾荒的时机，派大将王翦领兵攻打赵国。赵国马上派出李牧、司马尚等人率兵抵御。双方相持了一年。

为了尽快剿灭赵国，秦国使用了离间计，即大将王翦用重金收买了赵王的宠臣郭开，让他散布李牧和司马尚企图谋反的谣言。赵王轻信传言，要派人取代李牧。而李牧却拒绝让出兵权，赵王便暗地派人处死了李牧，同时还杀掉了司马尚。

李牧死后，秦军便如入无人之境，迅速地攻城略地，痛击赵军。

公元前228年，秦军攻破了赵国的都城邯郸。不久，出逃的赵王迁被迫献出赵国的地图，投降秦国。

赵国灭亡后，公子嘉带着一伙人逃到了代郡（今河北蔚县）自立为王。公元前222年，秦国在灭掉燕国之后，将公子嘉俘虏。至此，秦国统一了北方。

◎文苑拾萃

途经秦始皇墓

（唐）许浑

龙盘虎踞树层层，势入浮云亦是崩。

一种青山秋草里，路人唯拜汉文陵。

吕公慧眼识刘邦

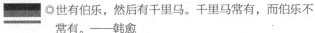

◎世有伯乐，然后有千里马。千里马常有，而伯乐不
　常有。——韩愈

　　汉高祖刘邦（前256—前195），字季（一说原名季）。沛郡丰邑中阳里（今江苏丰县）人。汉族。秦朝时曾担任泗水亭长，起兵于沛（今江苏沛县）。后成为汉朝（西汉）开国皇帝，庙号为太祖（但自司马迁时就称其为高祖，后世多习用之），谥号为高皇帝（谥法无"高"，以为功最高而为汉之太祖，故特起名焉），所以史称太祖高皇帝、汉高祖或汉高帝。出身平民阶级，成为皇帝之前又称沛公、汉中王。他对汉民族的统一、中国的统一强大以及汉文化的保护发扬都有一定的贡献。

　　刘邦是西汉王朝的开国皇帝。刘邦在打天下过程中，除了他的谋臣将士之外，他的妻子吕雉也是功不可没。而刘邦娶得吕雉，还源于一次参加庆祝吕雉的父亲吕公的聚会。

　　吕公与沛县的县令关系很好。有一年，为了躲避仇人，吕公便跟随沛县县令到沛县客居。而住在沛县的豪杰和官吏听说县令有一位贵客来临，都纷纷前去祝贺。

　　在这次聚会上，萧何担任主吏，负责迎接宾客和接收贺礼。并且聚会中还规定：送礼不足1000钱的人，只能在堂下就座。

　　当时刘邦正担任亭长，一向看不起县中的官吏，于是便写了一张贺钱一万的礼单送了进去，实际上他一个钱币也没有。他一进门，就高喝"贺礼万钱"。众人一听，都大吃一惊。而吕公也深以为奇，马上亲自到门口迎接。

　　吕公很善于给人看相，他一见到刘邦，便马上肃然起敬，引刘邦入上坐。

于是，刘邦就坐在了上座，一点儿也不谦让。在席间，刘邦谈笑自如，还不时地对那些贵客流露出轻蔑和不屑的神色来。

在宴会快要结束时，众位宾客都纷纷准备离开，而吕公则以目示意，特意请刘邦留下。他对刘邦说："我年少时就喜欢给人看相，相过之人也有许多，但却都没有一个能比得上你的，希望你能够好自珍爱。我有一个女儿，我愿意把她许配给你，作为你扶箕持帚的妻子。"

吕公的夫人知道这件事后，就埋怨吕公说："你经常说我们的女儿气质不凡，将来一定会成为贵人。前几天沛令向你求婚，你都没有答应，现在你怎么能把女儿许配给刘邦这样一个人呢？"

吕公根本不理睬夫人的话，最终将女儿吕雉许配给了刘邦。在吕公看来，刘邦除了相貌和气度不凡外，他的豁达大度、不拘小节，表现出了藐视礼法传统、官吏豪富的大家风度，因此认定刘邦将来一定能够大有作为。

吕公的看法果不其然，刘邦后来率众反秦，夺取天下，成为汉代的开国皇帝，而吕公的女儿吕雉也因此成为一代皇后。

◎故事感悟

知人于未显之时，这才是识人的最高境界。察以其相，可知其人。一个人给人的第一印象，通过一言一行，一举一动，往往折射出其内在品质。

◎史海撷英

刘邦巩固汉朝的经济政策

刘邦在建立西汉王朝之后，便开始逐渐废除秦朝的苛刻历法，豁免徭役，从而减轻百姓的负担。

比如，西汉的经济制度规定：减轻田租，什五税一，"与民休息"，释放奴婢，凡民以饥饿自卖为奴婢者，皆免为庶人，等等。这些规定不但解放了生产力，"兵皆罢归家"，"以功劳行田宅"让士兵复员归家，还给予这些被解放者土地及住宅，让他们都从事劳动生产，从而迅速地恢复和提高国家的经济实力。

此外，刘邦还鼓励生育，增加劳动力，同时大力发展农业，打击唯利是图的商人及残余的奴隶主阶级。

刘邦还接受娄敬提出的"强干弱枝"的建议，将关东六国的强宗大族与豪杰名家十余万口人迁徙到关中定居，从而使那里的百姓繁衍起来，得以生息。这些政策都令民心得以凝聚，国家得以巩固和发展。

◎文苑拾萃

大风歌

（汉）刘邦

大风起兮云飞扬，
威加海内兮归故乡。
安得猛士兮守四方？

刘邦知人善用

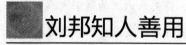

◎试玉要烧三日满，辨才须待七年期。——白居易

陈平（？—前178），西汉阳武户牖乡（今河南原阳）人，以谋略见长。在楚汉相争时，初在项羽手下做谋士，早期被项羽重用，因得罪亚父范增而逃归汉王刘邦帐下，曾多次出计策助刘邦。西汉建立后，陈平任右丞相，后迁左丞相，曾先后受封户牖侯，曲逆侯（今河北顺平东），死后谥献侯。"反间计"、"离间计"，均出自陈平之手。

汉高祖刘邦为何能在楚汉之争中最后取得天下？关键就在于他能够知人善任，同时也能正确地认识自己。他在称帝后所讲的三个"我不如"，就清楚地说明了这一点。

在年轻的时候，刘邦就胸怀大志，喜欢广交四方好汉。30岁时，刘邦当上了秦朝沛县泗水的亭长，相当于现在的一个乡村小官。

公元前209年7月，陈胜、吴广起义，天下百姓纷纷响应。起义的浪潮很快就波及了沛县地区。在这期间，刘邦与自己的好友萧何、曹参等人一起杀掉了沛县的县令，也正式宣布起义。

刘邦重用贤达人士，并善于运用集体的智慧，因此队伍很快就由弱变强，发展成为一支比较重要的武装力量。后来又经过数次战役，最终直捣咸阳，推翻了秦王朝的统治。此后又经过四年楚汉战争，刘邦击败了项羽，统一中国，建立了西汉王朝。

在推翻秦朝的过程中，刘邦不计小节擢用陈平，也成为我国历史上的一段佳话。

　　陈平是阳武（今河南原阳东南）人，年少时家中贫困，与哥哥、嫂子住在一起。为了能够维持生计，他经常帮助别人办理丧事，但也只能勉强维持生活。已经到了结婚年龄，也娶不起媳妇。

　　然而，陈平却胸怀大志。通过刻苦读书，他增长了很多见识和才能。在反秦斗争风起云涌的形势下，陈平离家出走，投奔了魏王。他屡献奇计，而魏王却不予采纳。这时，又有人在魏王面前说陈平的坏话，陈平便离开魏王，投奔了项羽。

　　后来，陈平略施小计，便帮助项羽收服了殷王司马卬。但项羽是个心胸狭窄的人，用人也很多疑，陈平觉得他成不了大事，又离开项羽而投奔刘邦。通过魏无知的举荐，陈平被刘邦任为扩军都尉（负责调节诸将的关系）。

　　从一个降将，一下子成了汉王的心腹，刘邦的老部下都纷纷表示不平。大将周勃和灌婴还对刘邦说："陈平虽然仪表堂堂，但却未必具有真才实学。我们听说，他在老家时与嫂子私通，品行很不好；他由于没有得到魏王和楚王的重用，现在才来投奔您。而您现在对他加官晋爵，他却不能忠于职守，还利用职权之便接受诸将的礼金。陈平这样一个反复无常的小人，怎么能有大用呢？请您好好考察一下！"

　　刘邦听了这些话后，将信将疑，便将魏无知找来，责备他说："陈平的品行这么坏，你为什么不跟我说清楚，反而一味地吹嘘他多么有才能呢？"

　　魏无知冷静地回答说："我举荐的是陈平的才能，而大王责备的是陈平的品行，这是两回事。如今楚汉相争，势不两立。失人者败，得人者兴，要想打败楚王，您就需要重用像陈平这样的人才，以协助筹划良策。至于盗嫂受金之事，您又何必那么介怀呢？"

　　刘邦听了魏无知的话，觉得也有道理，但心中还是不踏实，便又召见陈平，责问他说："你先是追随魏王而不称心，后来投奔楚王后私自离去，现在又来投靠我。你这样做，很容易引起别人的猜疑啊！"

　　陈平坦率地回答说："我之所以离开魏王和楚王都是有原因的。魏王固执己见，不纳忠言；楚王志大才疏，任人唯亲。我听说您善于重视人才，纳贤任能，所以才来归附。我刚到汉营，身无分文，需要维持生活，不得不接受诸将的礼金。如果您认为我的计策可取，就把我留下；如果你听信别人的闲话，不用我的计策，大家送给我的礼金我都原封未动，请您收回我的官印，我就此告辞。"

陈平说完，就准备离开。刘邦赶紧叫住陈平，挽留他。陈平的这一番话也打消了刘邦的疑虑，他立即向陈平道歉，同时还赐给他很多钱财，并升任他为护军中尉，负责监督和考察全军。从此以后，陈平便成为刘邦的重要谋士，不遗余力地为刘邦夺取天下出谋划策。

楚汉战争期间，刘邦与项羽在荥阳展开决战。项羽率领几十万大军不断攻击荥阳，令汉军在战场上陷入困境。这时，陈平便向刘邦献计说，可以利用项羽"意忌信谗"的弱点，施行离间计。刘邦觉得这个方法可行，就拨给陈平铜钱四万斤，让他去收买楚军的将领，离间项羽与诸将之间的关系。

于是，陈平便通过贿赂楚将和散布谣言，说楚国的钟离眜等大将由于屡建大功而不能封王，准备联合汉王刘邦歼灭项羽。

项羽听到这些传言后，果然起了疑心，派使者到汉营来探听虚实。而这时刘邦早已设下圈套，让人先准备一桌丰盛的宴席。当楚使来到后，陈平便故作惊诧地说："我以为是亚父范曾的使者呢，原来你是项王的使者呀！"说完，他急忙命人撤了宴席，换上了一桌很差的饭菜。

楚使回去向项羽汇报，项羽果然怀疑范曾暗地私通刘邦。这时范曾建议项羽应该速攻荥阳，而项羽却拒不采纳。范曾也看出项羽开始怀疑自己了，对项羽说："天下大局已定，您自己好自为之吧，还是让我留着这把老骨头回老家去吧！"项羽也没有挽留，范曾拂袖而去。

这样，项羽便失去了足智多谋、屡建奇功的重要谋士。

公元前209年，刘邦进军高阳（今河南杞县西）期间，儒生郦食其找到了刘邦身边的一名骑兵，对他说："我听说沛公为人傲慢，但很有韬略，正是我很敬慕的人物。我很想跟随他，请您先给我介绍一下。"

骑兵说："沛公十分讨厌儒生，见面时，你千万不要说自己是儒生。"

第二天，郦食其便拜见刘邦，这时刘邦正让两个侍女洗脚，其实是对郦食其表示轻蔑之意。郦食其见状，便故意慢腾腾地走到刘邦面前，不行大礼，只是长揖不拜，大声问道："您带兵来到这里，不知道是帮助暴秦攻打起义的诸侯，还是帮助起义的诸侯讨伐暴秦呢？"

刘邦一听郦食其这样说，大怒，大声地骂道："你这个可恶的儒生，暴秦无道，大家都争先恐后地攻打它，为什么还要说我助秦的话呢？"

郦食其却并不害怕，而是沉着从容地说："如果您真的想推翻暴秦，为什么对长者这样无礼？您应该好好想想，行军打仗是要有良谋的。如果您对贤人智士都这样傲慢，谁还会愿意为您献计献策呢？"

刘邦一听，马上起身行礼，恭恭敬敬地向郦食其道歉，并请教治国的方策。

郦食其说："您的兵马不到万人，又缺乏训练，要去攻打关中就像虎口探险一样，不如先去攻取陈留。陈留是天下的要道，也是兵家的必争之地，而且城中粮食充足。如果能占据陈留，再招兵买马扩充军队，等到兵强马壮时就能够横扫天下了。"

刘邦此时正在为军粮不足而发愁呢，听了郦食其，急忙问道："如果攻取陈留，先生有什么妙计吗？"

郦食其说："我与陈留的县令是旧识，可以劝他投降献城。如果他不投降，您就率师攻城。"刘邦听后，十分高兴。

于是，郦食其连夜赶到陈留城，劝说陈留县令降刘反秦。但是县令不愿起义，还挽留郦食其住了下来。夜半时分，郦食其出其不意地杀掉了县令，回到了刘邦大营。

第二天，刘邦便带兵攻打陈留，并将县令的脑袋高高地悬在竹竿上示众。陈留城里的守军一见，立即打开城门投降了。就这样，刘邦没费太大的力气，就在陈留城获得了大量的粮草、兵器，为西进关中奠定了基础。

刘邦对萧何一直很器重，因为萧何具有杰出的政治和理财才能。在楚汉战争期间，刘邦在前线指挥作战，萧何在关中独当一面，主持后方的治理工作。

萧何主管法令、宗庙、社稷、宫室、县邑和一切大小杂务，权力很大。但是，刘邦对他一直都深信不疑，凡是萧何送来的报告，他也都一一批准实行；一时来不及上报的，他也允许萧何"便宜行事"、"先斩后奏"，使萧何可以放手大胆地办事，在关中安抚百姓，颁布法令，保证兵源，供给军粮。

楚汉战争初期，形势对刘邦很不利。但由于萧何不断为汉军提供兵力、物力的支持，最终刘邦才得以重振军威，打败项羽，统一天下。楚汉战争结束后，刘邦论功行赏时，将萧何的功劳排在第一位。

韩信是一位具有杰出军事指挥才能的大将，但他有时会不顾大局，太看重个人的权位。刘邦针对韩信的这些特点，用其所长，避其所短。

韩信早年曾参加项梁的起义军，却一直未得到重用，于是又投奔汉军。但是，初期刘邦也没有重用他，韩信便准备从汉营逃亡。萧何知道后，来不及同刘邦商量，就披星戴月地追回韩信，并建议刘邦封韩信为大将。

刘邦采纳了萧何的建议，设置将坛，为韩信举行了隆重的拜将仪式，任命韩信为三军将领。

在拜将仪式结束后，刘邦问韩信："丞相极力推荐你，那么你将给我提供什么作战良策呢？"

韩信清晰精辟地分析了项羽虽强亦弱、刘邦虽弱亦强的原因，提出了"定三秦、灭项羽"的战略部署，让刘邦心服口服，只恨自己太晚重用韩信了。

韩信拜将后，便屡建奇功，但也滋长了骄傲的情绪。在灭掉齐国后，韩信就想自立为齐王，派人向刘邦求封。

刘邦此时正与项羽激战，日夜盼望着韩信的救兵前来支援，没想到传来的却是韩信要求封王的消息，不禁怒火中烧，破口大骂。后来经过张良和陈平的提醒，他才恍然大悟，立即慨然允诺了韩信的请求，让韩信反叛刘邦的计划破产，从而赢得了楚汉战争天平上关键的一个筹码。

在楚汉战争当中，才能平平的刘邦之所以能够从弱变强，最终打败项羽，统一天下，知人善任是重要的原因之一。

刘邦的基本用人政策是：凡是能为自己的政治目的出力献策的，不管其出身经历如何，都要量才录用，并按功劳大小封爵授官。

比如，彭越出身渔民，以后又曾为"盗"；英布因犯秦法，被处以面上刺字的黥刑。两个人都因战功卓著而被刘邦封王。

此外，以屠狗为业的樊哙封舞阳侯；马车夫夏侯婴官至太仆；曾以编织谋生的周勃，后来担任太尉（掌管全国军事）；布贩子出身的灌婴做了御史大夫；农民起义领袖郦商封曲周侯；等等。这些都足以表明刘邦的知人善任。

刘邦在称帝后不久，便在洛阳南宫的一次宴会上问群臣："我为什么能够得到天下，而项羽为什么失去天下呢？"

文臣武将都纷纷发言，各抒己见，但刘邦认为大家都没有说到点子上。刘邦说："你们只知其一，不知其二。运筹帷幄之中，决胜千里之外，我不如张良；治理国家，稳定后方，安抚百姓，源源不断地供给军饷，我不如萧何；统率百万大军，攻城略地，战无不胜，我不如韩信。这三个人，都是当今豪杰，天下奇才，我能重用他们，这就是我能够得到天下的缘故。项羽只有一个范增，尚且不能重用，这就是项羽失败的原因。"

大家听了刘邦的分析，都心悦诚服。

◎故事感悟

刘邦知人善任，最终走向成功。中国人历来提倡这种情操，认为这是前进的动力和阶梯。人要有自知之明，承认别人的才能，不嫉贤妒能，并善于利用他人的长处，补己之短才能走向成功。

◎史海撷英

陈平盗嫂受金

司马迁所著的《史记》中记载，有人指陈平早年曾与自己的嫂子通奸，被流放。

通奸一事出自于《史记·陈丞相列传》，原文为：绛侯、灌婴等咸谗陈平曰："平虽美丈夫，如冠玉耳，其中未必有也。臣闻平居家时，盗其嫂；事魏不容，亡归楚；归楚不中，又亡归汉。今日大王尊官之，令护军。臣闻平受诸将金，金多者得善处，金少者得恶处。平，反复乱臣也，愿王察之。"

据史书上记载，周勃、灌婴二人与陈平早年并不相识，而通奸一事也只是"臣闻"，所以后来司马迁用了"谗"字来将这个传闻载入了《史记》。

◎文苑拾萃

鸿鹄歌

（汉）刘邦

鸿鹄高飞，一举千里。

羽翼已就，横绝四海。

横绝四海，又可奈何。

星有缯缴，将安所施！

萧何慧眼识韩信

◎取人之术也，观其言而察其行。——刘向

萧何（前257—前193），秦朝沛县丰邑（今江苏省丰县）人。汉朝初年的丞相，西汉初年著名政治家，汉初三杰之一，曾辅助汉高祖刘邦建立了西汉政权。高祖死后，他又辅佐惠帝。惠帝二年（前193）卒，谥号"文终侯"。

韩信本来是项羽的部下，是一位有勇有谋的军事家。然而在项羽那里，韩信一直得不到重用，于是便投靠了刘邦。

开始时，刘邦只让韩信当了一个管理粮草的小官，韩信很失望。一次偶然的机会，萧何认识了韩信，发现韩信很有将才，便多次向刘邦推荐，可是刘邦并没有因此而重用韩信。

韩信见自己这么长时间在汉营中仍然得不到重用，就一气之下离开了汉营。

萧何得知后，马上放下尚未处理完的紧急公务，也没来得及向刘邦打招呼，便亲自策马去追赶韩信。

追赶了好久，萧何才看到韩信的影子，于是更加快马加鞭，大声喊着："韩将军！韩将军！"

他策马赶到韩信身边，气喘吁吁地问韩信说："韩将军，我们总算一见如故，算得上是朋友。而现在你怎么连个招呼也不打，就这么走了呢？"

韩信一声不吭。萧何拉住韩信，让他跟自己回去。韩信不肯，萧何便极

力劝说，并说因自己尚未向汉王保荐，才致使都尉受委屈。

韩信见萧何言辞恳切，才与他一起回到了南郑。

第二天，萧何就去见刘邦，再一次向刘邦举荐韩信。刘邦很不以为然地说："一个韩信值得你这么极力推荐吗？还亲自跑去追他回来！"

萧何说："韩信是当今数一数二的杰出人才，跑了就再也没有第二个了。大王如果只想做个汉中王，没有韩信也就算了；但如果大王要夺取天下，那就必须用韩信不可。您到底准备怎么样？"

刘邦说："我当然是想打出去了！"

萧何说："既然大王决定出汉中，就应该重用韩信，这样他自然也会留下；如果不重用他，他终究会离开的。"

"那么，"刘邦下决心说，"就依着丞相，让他做个将军，怎么样？"

萧何说："叫他做将军，他还得走。"

"那拜他为大将军怎么样？"

萧何说："很好。"

刘邦随即便让萧何去召开韩信，马上拜他为大将军。

萧何直率地说："大王平时太不注重礼仪了。拜大将军是件大事，不是小孩子闹着玩儿似的叫他来就来。大王真要拜韩信为大将军，先得命人造起一座拜将坛，选个好日子，大王还得沐浴更衣，亲自戒斋，然后隆重地举行拜将仪式。这样，才能让全体将士都能听从大将军的指挥，就像听从大王的指挥一样。"

刘邦说："好吧，我都听你的，请你去办吧。"

几天以后，萧何命人筑好了拜将坛。汉王刘邦择了吉日，带领文武百官来至坛前，亲自当着众将领和士兵的面，拜韩信为大将军。

后来，韩信果然没有令刘邦失望，也没有辜负萧何的良苦用心。在楚汉战争中，韩信率汉军暗度陈仓，战荥阳，破魏平赵，收燕伐齐，连战连胜，在垓下设十面埋伏，一举将项羽全军歼灭，为刘邦平定天下立下了汗马功劳。

◎故事感悟

在楚汉战争中，韩信的军事才能得以充分发挥和运用，帮助汉王刘邦能够最终夺取天下，从一定程度上说，同萧何的慧眼识才、倾力荐贤是分不开的。

◎史海撷英

萧何得点拨获恩宠

萧何在用计策帮助刘邦除掉韩信后，刘邦对萧何更加恩宠。除了加封萧何外，还派了一名都尉率领500名兵士作为相国的护卫。众宾客见状，都纷纷向萧何道贺。萧何自己也十分得意。

这一天，萧何的府上又在摆酒席庆贺，一派喜气洋洋的景象。突然，有一位名叫召平的门客身着素衣白履，昂然来到萧何的府上吊丧。萧何见状，大怒道："你难道是喝醉了吗？"

召平本来是秦朝的东陵侯。秦朝灭亡后，他就隐居在城外的家中种瓜。由于他种的瓜味道甘美，人们都称他为东陵瓜。

萧何入关后，也听说过他的贤名，将其招至幕下。每有行事，都会找他商量，获益匪浅。今天，召平见萧何仍然没有领会他的意思，就说："公勿喜乐，从此后患无穷矣！"

萧何不解，忙问道："我现在进位丞相，宠眷逾分，况且我行事一向小心谨慎，不敢稍有疏虞，君何出此言？"

召平说："主上南征北伐，亲冒矢石。而公安居都中，不与战阵，反得加封食邑，我揣度主上之意，恐怕是在怀疑您呀。您难道没看到淮阴侯韩信的下场吗？"

萧何一听，恍然大悟，猛然惊出一身冷汗。

第二天一早，萧何便匆匆入朝面见刘邦，力辞封邑，并拿出自己的许多家财拨入国库，移作军需。刘邦果然十分高兴，对萧何更是奖励有加。

咏史上·萧何

（宋）陈普

三人断尽楚关梁，一诎雄吞十七王。

高帝功臣总功狗，汉家无爵赏萧张。

萧何临死荐曹参

◎非真无人也，但求之不勤不至耳。——欧阳修

萧何在西汉刘邦统治时期任丞相，刘邦死后，他又事奉惠帝。

萧何生病时，惠帝曾亲自前往探视，表示慰问，并借机向萧何询问："您百年后，有谁可以替代您呢？"

萧何回答说："了解臣下的只有君王。"

惠帝接着问："曹参怎么样？"

萧何急忙叩头，高兴地回答说："君王您说对了，您已经选到最合适的人了。我萧何死后，就没有什么遗憾了。"

曹参在地位微贱的时候曾经和萧何交好，但后来萧何升任宰相后，两人的关系就有了隔阂。

曹参战功卓绝，而封赏却在萧何后，所以对萧何有怨气。但到萧何临死的时候，他所举荐的贤才，只有曹参一人。

◎故事感悟

萧何慧眼识人！后来曹参的功绩也正说明了这一点。这个故事也告诉我们：识人不能只看表面的现象，而要看对方是否真有才能，是否能够胜任其担当的职责。

◎史海撷英

萧何计杀韩信

汉高祖十年（公元前215年），韩信准备在长安起事，不慎走漏了消息，有人便通知了吕后韩信准备谋反的消息。吕后本来想把韩信召到宫里来处置，又担心他不肯就范，就与萧何商量。

后来，萧何出面邀请韩信进宫，韩信哪里想到极力举荐自己，而且一向与自己有深交的萧何会害自己呢！于是便随同萧何一同进宫。

韩信刚一进入宫门，就被事先埋伏好的武士一拥而上，捆绑起来。就这样，一代名将韩信被吕后残忍地杀害了。

◎文苑拾萃

韩 信

（宋）王安石

> 韩信寄食常歉然，邂逅漂母能哀怜。
> 当时哙等何由伍，但有淮阴恶少年。
> 谁道萧曹刀笔吏，从容一语知人意。
> 坛上平明大将旗，举军尽惊王不疑。
> 掠兵半楚滩半沙，从初龙且闻信怯。
> 鸿沟天下已横分，谈笑重来卷楚氛。
> 但以怯名终得羽，谁为孔费两将军。

郭泰善于识别人才

◎采石者破石拔玉，选士者弃恶取善。——王充

> 郭泰（128—169），字林宗。东汉并州太原郡介休人（今山西介休）。早年丧父，与母亲相依为命。早年师从屈伯彦，"性明知人，好训士类"，提拔了左原、茅容、孟敏、庚乘、宋果、贾淑、史叔宾、黄允等六十余人，"或在幼童，或在里肆，后皆成英彦"。李膺见郭泰，"大奇之，遂相友善"，由此名震京师。《抱朴子·外篇·正郭篇》说他"周旋清谈闾阎，无救于世道之陵迟"。今日介休市以"三贤故里"闻名。三贤即春秋时晋国介子推、东汉郭泰以及宋朝宰相文彦博。

东汉时期的郭泰，是汉桓帝、灵帝时期的名士首领之一。他为人求名不求官，周游郡县、封国，识别和引荐人才，一生隐居民间，被当时的名士誉为"天子不得臣，诸侯不得友"的人物。

据《资治通鉴·汉纪》中记载，郭泰很善于识别人才，并且喜欢勉励和开导才智出众的人，在郡县侯国周游。

陈留有一个名叫茅容的人，年纪已经四十多岁了，在田野里耕种。有一天，茅容与农民们正在树下避雨，大家都大模大样地蹲坐着，只有茅容很恭敬地端正跪坐。郭泰看后，很吃惊，便请求到茅容家中投宿。

第二天，茅容特意杀了鸡来做菜食，郭泰以为这是要招待自己的。然而茅容分了一半侍奉母亲后，便将剩下的一半放入饭柜中，只用粗菜淡饭来招待郭泰。

郭泰更加惊讶，就说："你真是品德出众啊，的确远远超过了普通人！我

郭泰尚且用减少父母供养用的美味来招待客人，而你却能够像这样保证老母的食物，真是我志同道合的朋友。"

说完，郭泰站起身来，恭敬地向着茅容施礼，并鼓励茅容求学读书。后来，茅容果然成为一名品德出众的人。

巨鹿有个名叫孟敏的人，寄居在太原。有一天，孟敏在外面行走时，担着的瓦甑不慎掉到地上摔碎了。然而他却看都不看一眼，径直就走了。

郭泰碰巧这时遇到了孟敏，就追上去问孟敏为什么不看一看摔碎的瓦甑？

孟敏回答说："瓦甑已经摔破了，看它又能有什么用处呢？"

郭泰认为孟敏处事有分寸，很果断，便同他交谈，结果发现孟敏为人讲究德性，因此便鼓励他在出游中认真学习。后来，孟敏也成为东汉时期的名士。

还有个名叫申屠蟠的陈留人，自幼家境贫寒，受人雇佣做漆工；鄢陵人庾乘，年轻时在县衙服役做守门的小吏。郭泰遇见他们后，觉得两人也有很多出奇之处，后来这两个人果然都成了知名人士。

◎故事感悟

郭泰自己不为官，却为国家举荐了不少人才。这说明，识人就是要真正把握人的长处和短处，扬长避短，使每个人都能各尽所能。

◎史海撷英

郭泰乐于助人

东汉时期的郭泰是个特别富有同情心的人，平时十分重视提拔和帮助后进的人士。即使一些所谓的"不仁之人"，他也会给这些人以帮助，让他们充分发挥自己的长处。

有一个名叫左原的郡学生，由于"犯法见斥"，人们都不乐意与他交往，他便整日形影相吊，郁郁寡欢。郭泰知道这件事后，特别设酒肴款待左原，并对他好言劝慰，劝他要严于律己，责躬自省。

　　事后，有人嘲笑郭泰与恶人交往。郭泰听后，感慨地说：对于犯错误的人，我们应该热情地给予帮助，劝其从善。如果对其疏远甚至忌恨，那就无异于促使他更加做坏事。

　　仅此一斑，就足以看出郭泰的品德之高尚，难怪史家称其"恂恂善导"，"虽墨、孟之徒不能绝也"。

◎文苑拾萃

咏史上·郭林宗

（宋）陈普

饯郭林宗数千两，哭陈太丘三万人。

河上纷纷皆折角，不如一一是黄巾。

贤者之孝二百四十首·郭林宗

（宋）林同

不愿诸侯友，那容天子臣。

贞乎宁绝俗，隐也不违亲。

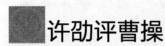
许劭评曹操

◎欲讲富强以刷国耻，则莫要于储才。——谭嗣同

许劭（150—195），字子将。汝南平舆（今属河南）人。

许劭年轻时，有很高的名望和节操，喜欢识别鉴定人物，很受人们赞赏，所以天下谈选拔人才时都赞赏他。

曹操地位低微时，常向许劭送厚礼，说些谦卑的话，求许劭对自己做出评价。

许劭鄙视这个人，不肯答应。

曹操对此很不满，找机会威胁他。

许劭没有办法，就实实在在地说："在太平年代，你是个以权诈欺世的人物；在战乱岁月，你是个有胆有识的英雄。"

许劭一语道破曹操的心事，曹操不由得大笑，十分佩服他识人的眼力。

◎故事感悟

曹操的目的是为了抬高自己的身价，所以他才要许劭的评价。然而我们更佩服的是许劭的识人之明。他的眼光可谓是最犀利的，曹操最终也是真正的"治世之能臣，乱世之奸雄"。

◎史海撷英

许劭交往的智慧

许劭曾经到颖川郡一带游历，与当地一些德高望重的长者交往。可是，他唯独不去拜访颖川郡太丘长者陈实。当时任豫章太守的同郡人陈蕃的妻子去世了，回到平舆殡葬，周围的乡邻都去吊丧，可许劭却不去。

有人问许劭，为什么不去结交这两位德行高超的人呢？许劭解释道："太丘陈实交游十分广泛，结交广泛了就难以周全；陈蕃性情严峻，性情严峻的人不容易沟通。所以，我没有去拜访他们。"

◎文苑拾萃

许 劭

（宋）于石

四海同推月旦评，是非公论至今存。

老瞒敢肆奸雄志，未必不因公一言。

贺知章识才育人

◎探仁人之心，必以信，勿以财；探勇士之心，必以义，勿以惧；探智者之心，必以忠，勿以欺。——李筌

贺知章（659—744），字季真，号石窗，晚年号四明狂客。唐代越州永兴（今浙江萧山）人。著名诗人。流传下来的诗不多，收录于《全唐诗》中的只有二十首，著名的有《咏柳》、《回乡偶书》等。

贺知章在青年时期生活在浙江南岸的萧山地区一带。这里是中国传统文化最为深厚的地区，也是吴越文化、新石器文化最为集中的地区之一，因此读书成才的文化名人也特别多。

在这种环境的熏陶下，再凭着自己的天赋，贺知章刻苦自学，终于成为闻名百里的秀才。后来，贺知章又以"文词俊秀"、"书法精绝"而与张旭、包融、张若虚共同被称为"吴中四杰"。

贺知章在考取进士后，便在长安城内当了校书郎、国子监四门助教一类的文职小官。直到升任四门博士后，职位才逐渐高一些。

所谓"四门学"，指的就是京城四门内专为官家子弟就学的学堂，教四书五经及老师自编的一些教材，因而对老师的要求也特别高。贺知章在这个职位上，培养出了一大批的优秀学生。

在任集贤院学士后，贺知章又任庆王侍读，当了庆王的辅导老师。

庆王是唐玄宗的长子，本应该立为皇太子的，所以玄宗就命贺知章为庆王侍读。这也表明了玄宗对贺知章的信任，同时也说明贺知章才高德厚。可

惜庆王体弱多病，不久后竟然英年早逝了。

后来，贺知章又出任唐玄宗三子李亨的老师。这时，李亨已经被立为皇太子（二儿子受到迫害致死），所以贺知章的职务是"太子宾客"。

这一年，贺知章已经是80岁的高龄了。而太子是未来的皇帝，因此也需要有德高望重、才深学广的大师来教授。作为秘书监的贺知章，不但担任这个职务，还要经常给太子讲经论道，可谓责任重大。

京城长安的龙楼是贺知章给太子每天讲经学的地方。而贺知章每天深入浅出地在这里读书讲经，也给太子李亨以很深的影响。

后来李亨即位后，经常回忆起这段往事，对贺知章做出了高度的评价："故越州千秋观道士贺知章，器识夷淡，襟怀和雅，神清志逸，学富才雄，挺会籍之美箭，蕴昆冈之良玉。故飞名仙省，侍讲龙楼，常静默以养闲，因谈谐而讽谏……"

由此可见，唐玄宗、肃宗父子对贺知章的评价都是很高的，并且还亲自作诗相赠，这在封建社会可是很少见的。

后来，贺知章又慧眼识英才，认识了小神童李泌，还推荐了诗仙李白等，成为一段传世的佳话。

李泌字长源，京兆一带人，出身于官家，为人聪慧。据说李泌的母亲"怀孕"三年才生了他，所以出生时他的头发都长到眼眉了。

李泌的记忆力超强，书本上的知识一学就会，到六七岁时就已经能写出很多好文章了。唐玄宗获悉这件事后，就赶紧派人把李泌接来，并命宰相张说考察李泌的学问。

张说让李泌咏方、圆、动、静四字，李泌对答如流，说："方若棋盘，圆若棋子，动若棋生，静若棋死。"

贺知章对李泌十分喜爱，说："这孩子目如秋水，智力过人，将来一定能够做卿相！"

后来，李泌果然如贺知章所说的那样，不仅当上了刺史、长史、大夫、

御史、邺侯这样的卿位，后来还升任为当朝宰相。

代宗时期，李泌又被封为广平王，任天下的兵马都元帅。

李泌的才能被张九龄得知后，张九龄就将李泌请到自己家中，与自己一道生活和学习，李泌的进步更快了。

当时李泌就住在张九龄家中，而贺知章的职务是秘书少监加集贤院学士，与张九龄、张悦都时常来往。因此，贺知章在精心培养李亨的同时，也十分重视对李泌的教导。

李泌为人耿直，不喜奉谀，这引起了不少权臣的不满，经常在背后说他的坏话。李泌知道后，就辞去职务，到大山中隐居了。

后来，"安史之乱"爆发，唐玄宗逃往四川时，太子李亨派人将李泌接到灵武，暗中与李泌商讨国家大计，最终在李泌的帮助下收复了两都。随后，唐玄宗传旨，立李亨为皇帝，是为肃宗。同时，唐玄宗也嘉奖了李泌。

在平定"安史之乱"后，由于奸臣作乱，李泌又到嵩山等地隐居去了。后来再次复出，担任宰相和广平王，为大唐的安危和发展作出了巨大贡献。

◎故事感悟

贺知章确如肃宗评价的那样——学富才雄。他有敏锐的观察力和洞悉一切的慧眼，善于识别人才并呕心沥血地去教育他们，从而培养出了一大批栋梁之才，为国家的兴盛做出了贡献！

◎文苑拾萃

望人家桃李花

（唐）贺知章

山源夜雨渡仙家，朝发东园桃李花。

桃花红兮李花白，照灼城隅复南陌。

南陌青楼十二重，春风桃李为谁容。

弃置千金轻不顾，踟蹰五马谢相逢。

徒言南国容华晚，遂叹西家飘落远。

的皪长奉明光殿，氛氲半入披香苑。

苑中珍木元自奇，黄金作叶白银枝。

千年万年不凋落，还将桃李更相宜。

桃李从来露井傍，成蹊结影矜艳阳。

莫道春花不可树，会持仙实荐君王。

慧眼识英的红拂

◎路不险，则无以知马之良；任不重，则无以知人之
才。——徐幹

> 红拂（生卒年不详），隋唐时的女侠。姓张，名出尘。是隋末权相杨素的侍妓。在唐传奇《虬髯客传》中，红拂女为司空杨素府中的婢女，因手执红色拂尘，故称作红拂女。

隋朝末年，各地战乱不断。当时长安城中有一位文武兼备的才子，名叫李靖。他精通兵法，而且心怀大志。隋朝建国后，他便决定前往长安，以求报国之路。

到了长安后，李靖先是投到了杨素的门下。杨素开始时非常怠慢他，后来与李靖谈论一番，发现他很有前途。然而杨素此时已经年老体衰，也不再有什么远大的理想了，只求能够维持现状而已，这让李靖十分失望。

在李靖与杨素谈论之时，红拂就站立在旁边。她见李靖气宇非凡，而且谈吐也很有才学，乃英雄侠义之士，因此心中暗暗倾慕。后来，红拂就派门人暗中跟踪李靖，获悉了李靖的住处，自己便深夜前往。

这天夜晚，李靖正独坐在灯前想着白天的事，感觉前途渺茫，一阵慨叹。正在郁闷之时，忽然响起了敲门声。李靖开门一看，原来竟是白天在司空府中见到的侍女。

红拂见到李靖，便开门见山地表明自己的心意：愿意投奔李靖，伴随李靖闯荡天下。

　　李靖闻言，喜出望外，但他担心杨素那边没办法交代。红拂安慰他说：杨素年纪大了，而且最近也经常有侍女逃走，司空府是不会追究的。

　　就这样，红拂与李靖二人扮作商人，离开了长安。

　　二人一路跋涉，在灵食的一处客站歇脚时遇见了一个满脸虬髯的人，此人自称虬髯客。红拂见他貌似粗鄙，却有一种不凡的气质，于是与他拜为兄妹。

　　一行三人又来到汾阳，见到了李渊与李世民。交谈一番后，李靖与李世民顿觉相见恨晚，这时，那位虬髯客却说："既有真主在此，我当另谋他途。"

　　几天后，长安便传来了杨素老死的消息，李世民便请三人一同到府中商议。商议后，李靖与红拂决定前往李府，唯独虬髯客不去，说要在长安等他们两人。

　　后来，李靖与红拂到长安找到虬髯客时，发现他竟是一个非常富有的人。更不可思议的是，虬髯客非要把自己的全部家产都送给他们，自己仅带一个行囊远走他方了。

　　二人目送虬髯客远去，回去以后，清点他的家中之物，竟然发现许多兵书。李靖日夜研习这些兵书，兵法韬略大为增长。

　　李渊父子起兵后，李靖显示出了他卓越的军事才能，帮助李渊父子平定江南，建立了大唐。后来又攻打突厥，活捉颉利可汗，被封为卫国公，红拂自然也成了一品夫人。

　　而虬髯客据说组织了一支兵马，杀入海中扶桑国，灭其政权而自立为帝。

◎故事感悟

　　有人说，女人的眼光是独到的，她们往往能凭直觉就看出一个人是英雄还是孬种。这话虽然不是百分之百准确，但在漫长的历史岁月中，我们却不难找到佐证的例子。唐初名满天下的红拂女，就是这样一位具有火眼金睛的女性。

◎文苑拾萃

《虬髯客传》节选

甫毕，传云："三郎来！"乃虬髯也，纱帽紫衫，趋走有龙虎之状，相见欢然。命妻出拜，亦天人也。遂延中堂，陈设盘筵之盛，虽王公亦不伴也。四人对坐，陈馔，次出女乐二十人，旅奏于庭，似从天降，非人间之曲度。食毕，行酒。有苍头自西堂舁出二十床、各覆以锦帕，既列，尽去其帕，乃文簿钥匙之类。虬髯举杯告靖曰："此皆珍宝货泉之数。吾之所有，悉有充赠。何者？某本欲于此世界求事，当或龙战二三十年，建少功业。今既有主，住亦何为？太原李氏，真英主也。三五年内，即当太平。李郎以英特之才，辅清平之主，竭心尽力，必极人臣。一妹以天人之姿，蕴不世之艺，从夫之贵，荣及轩裳，非一妹不能识李郎，非李郎不能遇一妹。圣贤起陆之渐，际会如期，虎啸风生，龙腾云合，固非偶然也。将余之赠，以佐真主，施功立业，勉之，勉之！此后十余年，东南数千里外有异事，是吾得意之秋也。一妹与李郎可沥酒相贺。"复回命家童列拜，曰："李郎、一妹，是汝主也。可善事之！"言讫，与其妻戎服乘马，一奴从后，数步遂不复见。

徐陵知人善荐

◎相马失于瘦，遂遗千里足。——白居易

　　徐陵（507—583），字孝穆。祖籍东海郯（今山东郯城）。早年以诗文闻名，"八岁能属文，十二通《老》《庄》。及长，博涉史籍，纵横有口辩"，释宝志摸他的头说："天上石麒麟也。"与庾信齐名，号徐庾体，与其父徐摛皆显贵。梁初简文帝萧纲为太子时，任东宫学士。历任尚书度支郎等职。一说编有《玉台新咏》十卷。后人辑有《徐陵集》。

　　南朝陈宣帝太建年间，徐陵任尚书左仆射，他上表直言，对周弘正、王劢等人竭力举荐。宣帝把他召入内殿，说："您为什么坚决辞谢而举荐别人呢？"

　　徐陵回答说："周弘正是旧藩长史，王劢是梁敬帝太平年间的相府长史，张种是京城有才能、德行好的亲近，我理应排在他们后边。"

　　徐陵辞让了几天，才接受皇帝的命令。

　　一次，朝廷让举荐向北进攻的元帅，大家的议论集中在淳于量身上，唯独徐陵有不同见解。

　　他说："吴明彻家在淮左，熟悉那里的风俗，是个有谋略的人才，当今没有人超过他。"争论了几天不能决定。

　　都官尚书裴忌说："我赞同徐仆射的看法。"

　　徐陵应声说："不只吴明彻是良将，裴忌也是副良将呢。"

　　就在这一天，宣帝下令吴明彻为大都督，裴忌为监军事。后来，他们果

然攻下了淮南几十个州县。

宣帝于是摆酒祝贺，亲自为徐陵举杯劝酒，奖赏他知人的才能。

◎故事感悟

徐陵有一双慧眼，所以能知人善荐。而徐陵的这种慧眼识英的才能是当今管理者的榜样。

◎文苑拾萃

《玉台新咏》书序

（南北朝）徐陵

至若宠闻长乐，陈后知而不平；画出天仙，阃氏览而遥妒。至若东邻巧笑，来待寝于更衣；西子微矉，得横陈于甲帐。陪驱游冶，骋纤腰于结风；长乐鸳鸯，奏新声于度曲。妆鸣蝉之薄鬓，照堕马之垂鬟。反插金钿，横抽宝树。南都石黛，最发双蛾；北地燕脂，偏开两靥。亦有岭上仙童，分丸魏帝；腰中宝凤，授历轩辕。金星将婺女争华，麝月与嫦娥竞爽。惊鸾冶袖，时飘韩掾之香；飞燕长裾，宜结陈王之佩。昌非图画，入甘泉而不分；言异神仙，戏阳台而无别。真可谓倾国倾城，无对无双者也。加以天时开朗，逸思雕华，妙解文章，尤工诗赋。琉璃砚匣，终日随身；翡翠笔床，无时离手。清文满箧，非惟芍药之花；新制连篇，宁止葡萄之树。九日登高，时有缘情之作；万年公主，非无累德之辞。其佳丽也如波，其才情也如此。

柴皇后慧眼识郭威

◎宁可不识字，不可不识人。——曾国藩

郭威（904—954），邢州尧山（今天河北省隆尧）人，或谓"周祖"、小名"郭雀儿"。五代后周王朝的建立者。

郭威原本姓常，幼年时期父亲就去世了，后来随母改嫁到郭家，便改姓郭。

郭威童年时期，家中十分贫困，他曾给村里的人放过牛，没有受到过什么家庭教育，也没有入学读过书，直到认识了后来的柴皇后，才开始读一些书。

郭威本来就十分聪明，再加上柴皇后的叮咛熏陶，使他有别于其他的一般武夫，乃至在夺取政权后，他还对宰相王峻说："我是穷人出身，运气比较好，做了皇帝，岂敢厚自奉养以害百姓？"

称帝后，郭威还停止了州县以前向皇帝贡献珍美物品及特产的惯例。他对大臣们说："我生长在行伍，不曾从师学问，因而也不得治天下之道。文武百官有益国利民的办法，都要写出来告诉我，而且文字要切实，不要辞藻华丽。"

郭威还能够虚心纳谏，保持生活简朴。在他统治的时期，境内小安，所以他是个难得的好皇帝。

柴皇后与郭威的相遇十分偶然。当时，后唐庄宗李存勖武功显赫，国势强大。然而建都洛阳后，便逐渐骄恣荒淫，最终导致朝政紊乱，李存勖也在宫廷政变中被伶人所杀。

这时，李嗣源率兵进入洛阳，平定了叛乱。然后尽革庄宗批政，务从节俭，并放出了宫中大批的宫女及妃嫔，其中就有日后的柴皇后。

由于柴家是邢州一带的大家，所以柴姑娘是被礼貌地遣送回家的。柴家听到消息后，也急匆匆地赶到河南来迎接女儿，打算在孟津渡口与女儿会合，然后在旅舍中休息一天，准备第二天过河。

没想到当天晚上下起了大雨，第二天黄河水面浊浪滔天，舟楫难行，柴家一家人便羁留在旅店。

第二天柴姑娘起床后，便站在窗前茫然地看着外面的雨水，忽然看到一个壮汉大踏步地冒雨而来。虽然衣衫尽湿，但却掩不住英爽之气。

这位壮汉在这家旅店投宿。后来从婢仆的口中，柴姑娘慢慢得知这位壮汉名叫郭威，是河北邢州人，18岁投军，在潞州以军功升为小校。后来因为与市井无赖争斗，失手杀了人而获罪。州将爱惜他的才华，悄悄把他放了。如今郭威感到前途渺茫，不知道该去哪里。

柴姑娘觉得郭威也是个命苦之人，便心生怜惜，命侍女送给郭威一床毯子御寒。可是郭威却认为互不相识，不应平白受人东西，婉拒了柴姑娘的好意。于是，柴姑娘便亲自去见郭威，以同乡之谊说服郭威。两人见面后，发现彼此十分聊得来。郭威很感激柴姑娘，对柴姑娘自然也是颇有好感。

大雨下了好几天，柴姑娘一家也无法离开，因此郭威与柴姑娘也有了更多的交谈机会。

柴姑娘偶尔会讲一些朝廷大事和宫中生活，并趁机对郭威说："如今属于乱世，乱世正是英雄豪杰建功立业的大好时机，应该进德修业，抓紧机会，成就一番轰轰烈烈的事业。要知道时不我予，不能平白地蹉跎岁月。"

郭威对柴姑娘的劝告很重视，彼此更加爱慕。但是柴姑娘的父母却认为郭威是个落魄的汉子，没什么出息，配不上自己的女儿。

柴姑娘向父母解释，郭威现在虽然很落魄，但他日定必有发展。自己阅人无数，相信不会走眼。

于是，柴姑娘将从宫中带来的金银珠宝分成两份，一份孝敬父母，一份留作己用，然后便与郭威结为夫妻。天晴雨停后，夫妻两人便折返回到洛阳。

到了洛阳安顿下来后，郭威每日埋头苦读。柴氏则经常帮助郭威解释书中的疑难，并兼及处世为人之道、国家政事与天下大势。郭威惊异妻子的才学，但柴氏却丝毫没有炫耀的意思。

一年后，郭威的性情大变，谈吐举止迥异往昔，在勇毅的基础上更增加了思想和智慧。

后来，郭威参加了石敬瑭的军队，而后又投到张彦泽的麾下，不久又转归杨光远，最后成为河东节度使刘知远的左步兵指挥使。郭威的最终目的，就是想追随一位气度不凡的领袖人物，以图将来有出头之日。

郭威曾以2000名伏兵大败契丹，这让刘知远对郭威刮目相看。后来，刘知远夺取了后晋，建立后汉，更加倚重郭威。

然而刘知远在位仅仅一年就死去了，他的儿子刘承佑继位后，被嬖幸之人的谗言所迷惑，大杀功臣。当时，郭威正在领兵担任邺都留守，家属留在汴京全部遇害，柴氏也未能幸免。

后来郭威登基后，力排众议，立死去的柴氏为皇后，并收她的侄儿柴荣为养子，以安慰妻子的九泉之灵。柴荣后来继位为帝，是为周世宗，也是一位十分英勇智慧的皇帝。

◎故事感悟

柴皇后目光深远，慧眼识英，用心培养出一代明君，值得佩服。识人，就要慧眼如炬、深谋远虑，但更重要的是，要能够发现人的独特之处。

◎史海撷英

郭威登上帝位后保持节俭

郭威登上帝位后，十分注意节俭，并且尽量减轻百姓的负担。

郭威平时的衣食住行都很节俭，并下诏禁止各地再进奉美食及地方土特产品，珍宝就更不用说了。

他不仅不让宝物入宫，还让人将宫中的珠宝玉器、金银装饰的豪华床凳、金银做的饮食用具等等，一共几十件全部在殿廷上当众打碎，并对侍臣说："那些帝王，怎么能用这种东西呢？"

郭威临死前还不忘节俭，他郑重地留下了遗言："你们一定要为我薄葬，不要强征民工，也不要宫人为我长年守陵；陵寝不用石柱，枉费人力，用砖瓦代替就行，用瓦棺纸衣下葬。不要石人石兽，只需立一块碑，刻上几句话，就说我平生习惯于节俭，遗诏命令瓦棺纸衣下葬。"

◎文苑拾萃

郭 威

侠 名

调整中枢整顿内，心腹王峻即相位；
养子柴荣重兵外，亡妻柴氏皇后追。
慕容彦超反郭威，大聚甲兵战壕垒；
联络数州成势力，郭威亲征投井悲。
班师孔庙谒尊位，觅后封官县令为；
修缮庙宇禁伐木，尊崇圣人儒学蔚。
沉疴骤然暴发危，遣诏柴荣继其位；
留言葬礼从俭朴，瓦棺纸衣刻于碑。

张文定识人才

◎听言必审其本，观事必校其实，观行必考其迹。——傅玄

苏辙（1039—1112），字子由，一字同叔，晚年自号颍滨遗老。眉州眉山（今四川眉山市）人。宋孝宗淳熙年间，追谥文定。苏洵之子、苏轼之弟，北宋嘉祐二年（1057）与其兄苏轼同登进士。苏家父子三人，均在"唐宋八大家"之列，人称"三苏"，苏辙则是"小苏"。作品有《栾城集》传世，包括《后集》、《三集》，共84卷。

有一年，当苏轼、苏辙兄弟二人正在准备应考的学业时，父亲苏洵带领他俩拜见了著名学者张文定公。

张文定与这两弟兄谈话后，大为惊奇，认为这兄弟二人的学业造诣颇高，于是请他们住在斋舍。

第二天，张文定先生出了六个题目派人送过去，说："请学士试着写出来。"

张文定在旁边房子里通过墙上的洞隙观察二人的表现。

只见苏氏兄弟得到题目，各自都在凝神思索。苏辙看着题纸，有疑惑不解处就问其兄，苏轼不说话，举起毛笔倒过笔杆来敲几案，说："《管子》注。"

苏辙的疑团仍未消解，又指其次的一题，苏轼提笔把这题勾掉了。

后来，二人便伏案撰写，很快就交卷了。

张文定批阅二人文章，非常高兴。他们勾掉的一个题目，正是一个没有出处的虚设题，出此题只是想试一试二人能否分辨。

次日，张文定对苏洵说："您的两个孩子都是天才，大的聪明敏捷，尤其

可爱。可是小的谨慎持重，将来的成就或许会超过哥哥。"

直到多年后，苏轼、苏辙都非常敬重张文定先生，弟弟苏辙对他的感戴更是刻骨铭心。

◎故事感悟

这才是慧眼识玉啊！张文定的眼光犀利而长远。有人说，有自知之明者，才会有双能识人的慧眼，这句话非常有道理。

◎史海撷英

苏辙巧对对联

有一天，苏轼带着自己年少的弟弟苏辙到巫山游览。山上住着一位老道士，听说神童苏轼来了，就想当面考考他。

老道出了一个异字同音的上联："无山得似巫山好。"

苏轼不假思索，立即对出下联："何叶能如荷叶圆？"

老道听了，连连称好。

谁知一旁的苏辙听了却说："兄长的下联对得还不甚工稳，不如改一改。"

苏轼问："怎么改？"

苏辙便念道："何水能如河水清？"

苏轼和老道一听，以"水"对"山"的确更加工稳，因此齐声叫好。苏辙也因改对而远近闻名。

◎文苑拾萃

奉同子瞻荔枝叹

（宋）苏辙

蜀中荔枝止嘉州，余波及眉半有不。

稻糠宿火却霜霰，结子仅与黄金侔。

近闻闽尹传种法，移种成都出巴峡。

名园竞撷绛纱苞，蜜渍琼肤甘且滑。

北游京洛堕红尘，箬笼白晒称最珍。

思归不复为莼菜，欲及炎风朝露匀。

平居著鞭苦不早，东坡南窜岭南道。

海边百物非平生，独数山前荔枝好。

荔枝色味巧留人，不管年来白发新。

得归便拟寻乡路，枣栗园林不须顾。

青枝丹实须十株，丁宁附书老农圃。

苏轼通过细节可识人

◎博求人才，广育士类。——苏轼

> 苏轼（1037—1101），字子瞻，一字和仲，号东坡居士。眉州眉山（今四川眉山市）人北宋时期的大文豪，其诗、词、赋、散文均成就极高，且擅书法和绘画，是我国文学艺术史上罕见的全才，也是我国数千年历史上被公认文学艺术造诣最杰出的大家之一。其散文与欧阳修并称欧苏；诗与黄庭坚并称苏黄，又与陆游并称苏陆；词与辛弃疾并称苏辛；书法名列"苏、黄、米、蔡"北宋四大书法家之一；其画则开创了湖州画派。

苏轼是我国北宋时期的著名文豪，然而他的夫人王弗也十分了得，以"幕后识人"而闻名。每次苏轼与客人在客厅谈话时，王弗都会立于幕后，往往听上几句话，就能断定客人是否值得交往，而且准确率相当高，可以说是闻言识人的典范了。

比起夫人来，为人旷达的苏轼在待人接物方面就显然粗疏得多。但是，他也很擅长从细节方面识别一个人的品质。

当时，有一个名叫谢景温的人与苏轼的关系不错。有一次，两个人在郊外行走，一只受伤的小鸟从树上掉下来，谢景温抬腿就把这只小鸟踢到了一旁。

这个看似漫不经心的动作，让苏轼的心里十分不舒服，他觉得，谢景温一定是个轻贱生命、损人利己之徒，不可深交。

谢景温的妹妹是王安石的弟媳，因而谢景温也深得王安石的重用，提拔他任侍御史知杂事一职。后来，谢景温见王安石与苏轼不和，为了讨好王安石，便暗中加害苏轼，诬陷苏轼运售私盐，企图将苏轼治罪。

可见，苏轼识人也是很准确的。

还有一位名叫章惇的人，早年与苏轼的交往也比较密切，可以说是无话不谈。

苏轼在任凤翔府节度判官时，章惇任商州令。有一次，两人一起到山中游玩。当走到仙游潭时，前面是一片悬崖峭壁，只有独木桥相通，独木桥下便是万丈深渊。章惇提出让苏轼过桥，在绝壁上留下墨迹，苏轼称自己不敢。

然而，章惇却神色平静地轻松走了过去，然后用绳子系在树上，以玩杂技般的高难度手法在陡峭的石壁上写了"苏轼章某来此"几个字。

苏轼见状，不由抚着章惇的背长叹道："能自拼命者，能杀人也！"

章惇听后，哈哈大笑。而苏轼认为，人如果不知道珍惜自己的生命，他也不会珍惜别人的生命。

苏轼的看法是对的。这位章惇后来当上了宰相，在整治政敌方面毫不手软。他甚至提出要掘开司马光的坟墓，暴骨鞭尸。由于与苏轼政见不合，他对苏轼也大下辣手，将苏轼贬到偏远的惠州。

幸好苏轼在惠州能够以苦为乐，并曾写诗曰："为报诗人春睡足，道人轻打五更钟。"

诗传到京城后，章惇又开始妒忌苏轼在逆境中也能生活得这么逍遥自在，于是又把苏轼贬到了更偏远的儋州（今属海南）。据说在宋朝时代，放逐海南岛是仅比满门抄斩罪减一等的惩罚，由此也可以看出章惇的狠毒。

当然，苏轼也有识得好人的一面。

苏轼在登州做官期间，有一个主簿每次来报告事情时，都十分啰唆，这令苏轼感到十分厌烦。

有一次，这个主簿又来长篇大论地禀报，苏轼听得很烦，就敷衍他说："你晚上再来吧。"

到了晚上，这个主簿单独来了。苏轼勉强出来接见他。这时，苏轼正好在看杜甫的诗，就故意问道："'江湖多白鸟，天地有青蝇'，这'白鸟'指的是什么呢？是指鸥鹭一类的鸟儿吗？"

主簿马上答道："白鸟，并非指鸥鹭，而是指蚊蚋之类的虫儿，以此来暗喻吸人血的赃官。如今这世界，君子太少而小人太多啊！"

苏轼本来是想用"白鸟"来嘲讽主簿说话像蚊蚋那样嗡嗡不止，让人烦厌，哪知主簿不但很有学问，还心地正直。从此，苏轼对这个人便另眼相看，还特别照顾他。

◎故事感悟

正可谓：细枝末节，时见闪光之点；点滴毫末，总有端倪可现。苏轼以细节识人，大都无误，这是和他自身的言正身端分不开的。

◎史海撷英

苏轼和王安石的矛盾

苏轼与王安石都是少年得志。王安石在22岁时便考中了进士；苏轼比王安石小16岁，在23岁那年也考中了进士。两人都可谓是栋梁之才，而且都以诗文名世。然而，两人之间的矛盾也很深。

宋神宗熙宁二年（1069），苏氏兄弟在服完父丧后回到京师，苏轼被任命为直史馆、权开封府推事，很受神宗信任。这时，担任中书门下平章事（宰相）的王安石正在推行自己的变法新政。由此，两人的争端便开始了。

王安石在变法过程中，以"人言不足恤，祖宗不足法，天变不足畏"的勇气锐意进行改革，令人起敬。然而，在错综复杂的社会现状面前，在以保守为天性，遵无动为大之教的国人，尤其是官僚士大夫面前，王安石这种激进的改革动作也引起了苏轼等人的反感。

王安石做事用人都是大刀阔斧；而苏轼并不是不主张变革，他是希望不要"太急"，因为"法相应则事易成，事有渐则民不惊"。因此，王安石和苏轼两人的政见便一直凿枘难合。

◎文苑拾萃

洞仙歌

（宋）苏轼

冰肌玉骨，自清凉无汗。

水殿风来暗香满。

绣帘开，一点明月窥人，人未寝，欹枕钗横鬓乱。

起来携素手，庭户无声，时见疏星渡河汉。

试问夜如何？夜已三更。

金波淡，玉绳低转。

但屈指西风几时来？又不道流年暗中偷换。

宋神宗称赞王安石

◎何世无才，患主人不能识耳。苟能识之，何患无
才。——汉武帝

> 王安石（1021—1086），字介甫，号半山，封荆国公。汉族。临川人（今江西省抚州市区荆公路邓家巷人）。北宋杰出的政治家、思想家、文学家、改革家，唐宋八大家之一。有《王临川集》、《临川集拾遗》等存世。官至宰相，主张改革变法。诗作《元日》、《梅花》等最为著名。

宋神宗即位，任王安石为知江宁府事。数月后，召入京师，任命为翰林学士兼侍讲。一日讲席结束，群臣退后，宋神宗留下王安石，说起国家需要像诸葛亮、魏征那样的人才。

王安石慷慨激昂地说："中国这样大，人民这样多，学有专长的人不算不多。我们所以常常感到缺乏辅佐之才，是因为陛下治理天下的办法没有明确，君王与臣民之间还不能真心相待，虽然有像皋陶、夔、后稷、契、傅说那样的人才，但也会被小人阻挡，终因怀才不遇，远离我们而去的。"

宋神宗说："恐怕不能这样看，什么世道没有阻挡忠贤的小人呢？什么样英明的君主能让世上没有小人呢？即使尧、舜那样举世公认的圣德之君，不是还有'四凶'为害吗？"

王安石说："问题就在于能分辨出谁是四凶之类的小人，把它除掉，为皋陶、后稷这样的忠贤之士创造施展才能的条件，这就是尧、舜之所以能成为圣德之君的关键呀！倘若让四凶得以逞凶，对上不停地进谗言，对下隐藏住自己的罪恶，压制正派人的功劳，那皋陶、夔、后稷、契还肯勉勉强强地领

俸禄，混日子吗？"

到熙宁二年春天，王安石被提拔到参知政事的重要岗位。

宋神宗对王安石说："人们都不能正确理解你，误以为你只知道儒学的经术，不懂得社会生活实际事务。"

王安石回答说："儒学的经术，正是为了解决社会生活的实际事务。后世所说的儒者，大多数是一些平庸的无能之辈，因此世俗认为儒学经术不能解决社会实际问题。"

宋神宗问："那么你解决社会实际问题，准备先从哪里着手呢？"

王安石说："改变社会风俗，确立适合当今的国家法度，是今天最急迫的事情。"

神宗认为这分析是很中肯的，对他的见解十分称赞。

◎故事感悟

王安石的回答很精彩，然而宋神宗的赞许才是最有效的回应。善于发现别人优点的人，往往善于称赞别人。即使别人存在较多问题，也能给予应有的肯定。

◎史海撷英

王安石的文学成就

王安石为"唐宋八大家"之一，其散文特点是雄健简练、奇崛峭拔，大多以书、表、记、序等形式来阐述自己的政治主张，为变法革新服务。

王安石的这些文章往往是针对时政或社会问题，分析深刻，观点鲜明，因此，他的政论文在唐宋八大家中也是最为突出的。

《上仁皇帝言事书》是王安石主张社会变革的一篇代表作，主要是对北宋时期朝廷内外交困形势的深入分析，并提出了完整的变法主张，表现出自己"起民之病，治国之疵"的进步思想。

《本朝百年无事札子》是王安石在叙述并阐释宋朝初年百余年间太平无事的

情况与原因的同时，又尖锐地提出了当时危机四伏的社会问题，希望神宗能在政治上有所建树，认为"大有为之时，正在今日"。

◎文苑拾萃

千秋岁引

（宋）王安石

别馆寒砧，孤城画角，一派秋声入寥廓。

东归燕从海上去，南来雁向沙头落。

楚台风，庾楼月，宛如昨。

无奈被些名利缚！无奈被他情耽搁！

可惜风流总闲却！当初漫留华表语，

而今误我秦楼约。梦阑时，酒醒后，思量着。

顾璘独具慧眼识人才

◎古人相马不相皮，瘦马虽瘦骨法奇；世无伯乐良可
嗟，千金市马惟市肥。——欧阳修

> 　　顾璘（1476—1545），字华玉，号东桥。上元（今南京）人。明朝政治人物。祖籍苏州吴县，高祖顾通在洪武年间由苏州迁上元。少有才名，与同里陈沂、王韦并称"金陵三俊"，又与宝应的朱应登称为四大家，也是十才子之一。弘治九年（1496）进士，授广平知县，正德四年（1509）知开封府，迁吏部右侍郎，官至南京刑部尚书。晚年致仕归里，筑息园，大治亭舍，好宾客，座无虚席，世称东桥先生。钱谦益称之："处承平全盛之世，享园林钟鼓之乐，江左风流，迄今犹称为领袖也。"著有《顾华玉集》、《浮湘集》、《息园诗文稿》、《国宝新编》、《凭几集》、《缓恸集》、《近言》等著作。

　　明代后期，日趋腐败的政治舞台上，突然升起了一颗耀眼的新星。他就是封建时代著名的政治家和杰出的改革家张居正。

　　1572年，张居正出任相当于丞相一职的内阁首辅大臣后，以清醒的头脑，果断地从军事和政治入手，继而深入到经济方面，推行了一系列改革措施：针对官场不务实事的风气，颁布了对各级官吏的考核方法；重用英勇善战、足智多谋的将帅，改善了国防力量；推行一条鞭法，改革了赋税、劳役制度，增加了财政收入，使濒于崩溃的朱明王朝出现了新的复苏和繁荣。

　　那么，张居正这个杰出的人才是怎样被发现和培养起来的呢？

　　这里还有一段鲜为人知的生动史事。尤其不能忘记一位名叫顾璘的政治家，他对张居正采取了不同寻常的栽培方式和特殊的人才培养策略。

按照明王朝的惯例，几年一度的乡试又开始了。13岁的张居正雄心勃勃地来到武昌应试。他利用考试间隙，游览了当地楚王的孙园亭，并当场赋诗一首，取名《题竹》："绿遍潇湘外，琳林玉露寒。风毛丛劲节，只上尽头竿。"诗能言志，短短几行，已经看出少年张居正不同一般的抱负和志在必得的自信。

试场上，张居正应对自如，发挥正常。试卷送到了当时的湖广按察金事陈束手中，他看了又看，赞赏不已。陈束又郑重地将这份卷子推荐给了湖广巡抚顾璘。这位巡抚大人对试卷同样十分满意，他抑制不住兴奋的心情对陈束说，我们总算发现了一块好玉。受到这样两位实力人物的赏识，张居正此次榜上题名是毫无问题了。

然而，事情的发展却出乎人们的预料。当顾璘获悉张居正还是一个刚满13岁的少年时，突然对要不要录取他犹豫起来。尤其是顾璘了解到张居正还有"神童"的美称时，他的这种想法就更为强烈。

原来，张居正出身于湖广江陵的一个破落小地主家庭，自幼资质聪颖。传说他两岁那年，堂叔父将他抱在膝盖上翻书，小居正已经能认识《孟子》书中"王日"这两个字，在场的人无不称奇。

张居正五岁开始从师启蒙，到10岁时，已能粗通六经大义。12岁到荆州府参加考试，深得知府李士翱的赏识，当即将他介绍给一位湖广学政，进行面试。张居正不慌不忙，挥毫立就，令人惊叹，成了小有名气的荆州小秀才。

顾璘绝对不是只以资历取人，有意压制脱颖而出的青年人才的庸人。恰恰相反，他有一双慧眼，特别爱惜和注意培养后辈。正是从这一愿望出发，他决心以一种不同寻常的方式，对张居正这个少年人才给以特殊的"栽培"。

他仔细地考察了张居正的成长过程，确认这是一块好材料，但免不了显得稚嫩粗糙，尚需精心雕琢与磨炼。他的生活道路太一帆风顺了，如果这次张居正少年中举，很可能会得意忘形，因骄生狂，从此停步不前，如此岂不糟蹋了一位难得的人才？他觉得，这位少年目前更需要的是激励和逆境的考验，让他认识到自己还有不足。

顾璘说服了陈束，还特地向当时负责监试的冯御史打了招呼。张居正终于在顾璘的特殊"照顾"下落选了。

果然，顾璘的良苦用心成了张居正成长道路上的加油剂。小小的挫折，给张居正带来的并不是挫折，而是让他意识到了山外有山、楼外有楼，从此更加奋发读书，谦逊为人。下一次乡试来到了，张居正百尺竿头又进了一步，他以更出色的答卷中了举人。这一年他才16岁。

这一次，顾璘仍然没有忘记对张居正的特殊"栽培"，不过用的是另一种策略。他将张居正叫到跟前，亲自将犀带赠给他，还热情地祝贺他的成功。

然后，顾璘话锋一转，意味深长地对张居正说："古人都说大器晚成，这只是对具有中等才智的人说说罢了。我想，你当然不会满足于只做一个中等水平的人。上次乡试，你的成绩已经不错，因为我的多嘴，耽误了你三年，实在抱歉。但我希望你要有远大的目光，要有志气做伊尹、做颜渊，不要只做个年少得志的张秀才。"

张居正对长者这一番肺腑之言心领神会。从这以后，伊尹成了张居正心目中的偶像和终生奋斗的目标。顾璘对张居正确是倾注了一腔希望和热情，他曾对人说："居正佩犀带是暂时的，日后必然成为腰围玉带的朝廷大臣。"

后来的张居正，果然没有辜负前辈对他的苦心栽培，更没有成为只是昙花一现，过早衰败的少年英才。他23岁中了进士，43岁入阁，成为我国封建社会历史上杰出的改革家之一。

◎故事感悟

不能不看到，顾璘在人才培养上使用特殊策略的高明之处。一双慧眼，发现人才，培养人才，是作为管理者必不可少的责任。只有"伯乐"管理好"千里马"，"千里马"才会"日行千里"。

◎史海撷英

张居正的经济思想

张居正在朝廷任职期间，提出了"厚农而资商"、"厚商而利农"的经济政策。而且，他还与工部派来的榷税使周汉浦深刻地探讨"始所建榷及后稍异"的原因，并进一步阐明道理，畅言："古之为国者，使商通有无，农力本穑，商不得通有无以利农，则农病；农不得力本穑以资商，则商病。故商农之势，常若权衡。然至于病，通无以济也。"

◎文苑拾萃

枫木岭

（明）顾璘

初指山拂天，飞鸟不可度。

艰苦蹑危磴，即是我行路。

百折频攀援，十步九回顾。

峻嶒忽在下，衣襟湿云雾。

倒影犹照人，平地黯将暮。

东北望故乡，江流奔倾注。

长风万里来，独立难久伫。

知人之明的曾国藩

◎多事之秋，得一人则重于山岳，少一人则弱于婴
儿。——曾国藩

> 曾国藩（1811—1872），初名子城，谱名传豫，字伯涵，号涤生，谥文正。湖南长
> 沙府湘乡白杨坪（现属湖南省娄底市双峰县荷叶镇天子坪）人，宗圣曾子七十世孙。
> 我国近代政治家、军事家、理学家、文学家，清朝"中兴名臣"之一。中进士留京师
> 后十年七迁，连升十级，37岁任礼部侍郎，官至二品。紧接着因母丧返乡，恰逢太平
> 天国巨澜横扫湘湖大地，他因势在家乡拉起了一支特别的民团湘军，历尽艰辛为清王
> 朝平定了天下，被封为一等勇毅侯，成为清代以文人而封武侯的第一人，后历任两江
> 总督、直隶总督，官居一品。

咸丰二年十二月（1853），湖南巡抚奉上谕命曾国藩"帮同办理该省团练、搜查土匪事宜"。这道上谕标志着曾国藩镇压太平天国的军旅生涯的开始。

也是从这个时期开始，幕府制度再次兴起，成为曾国藩日后取得巨大成就的重要因素。湘军令曾国藩拥有了与太平军作战并且被朝廷倚重的本钱，而网罗的众多幕僚无疑成为他的得力助手和重要智囊。

在曾国藩的慧眼识才、悉心提携之下，这些幕僚不仅自身有建树，还逐渐走上了历史舞台，在中国近代史上具有重要影响力。

1853年1月26日，曾国藩前往长沙开始筹办团练事宜，他的好友郭嵩焘一起陪同前往，由此也成为他的第一个幕僚。

郭嵩焘一直都深得曾国藩的赏识与培养，打下南京后曾被提名担任安徽巡抚。然而由于郭嵩焘本人的拒绝，后改任兵部右侍郎，并归附到李鸿章的门下，担任广东巡抚。1875年，郭嵩焘担任首位驻英国公使。1879年回国后，

便赋闲在家，直至1891年去世。

1860年前后，湖南人左宗棠成为曾国藩的幕僚。在曾国藩的大力提携下，左宗棠一扫往日仕途上的失意，迅速崛起，而且很快就功成名就。

左宗棠曾经陷入官场纠纷，幸好曾国藩的好友湖北巡抚胡林翼及当时权重一时的萧顺保全。后来，萧顺让举人王恺运及在朝廷南书房任职的郭嵩焘出面，请当时著名的翰林、内阁学士江苏人潘祖荫拟折，向咸丰皇帝保荐左宗棠。

潘祖荫奏折中的一句"国家不可一日无湖南，湖南不可一日无左宗棠也"，成为了左宗棠辉煌一生的最好预言。

左宗棠对于曾国藩的最大功劳，不仅在于当了很多次参谋，更曾经力劝曾国藩不要投水自杀，这件事一直令曾国藩感激在心。

尽管如此，然而由于两人性格上的巨大差异，左宗棠与曾国藩还是因为各种矛盾长达八年没有私人往来。但是在左宗棠所率领的楚军当中，便有曾国藩派出支援的湘军的大将湘乡人刘松山和刘锦堂叔侄。1872年，曾国藩去世前左宗棠曾从西北给曾国藩写信，两人得以尽释嫌隙。

左宗棠的信这样写道：

涤翁尊兄大人阁下：

寿卿壮烈殉国，其侄锦堂求弟为之写墓志铭。弟于寿卿，只有役使之往事，而无识拔之旧恩，不堪为之铭墓。可安寿卿忠魂者，唯尊兄心声也。

八年不通音问，世上议论者何止千百！然皆以己度人，漫不着边际。君子之所争者国事，与私情之厚薄无关也；而弟素喜意气用事，亦不怪世人之妄猜臆测。寿卿先去，弟泫然自惭。弟与兄均年过花甲，垂垂老矣，今生来日有几何？尚仍以小儿意气用事，后辈当哂之。前事如烟，何须问孰是孰非？余日苦短，唯互勉自珍自爱。戏作一联相赠，三十余年交情，尽在此中："知人之明，谋国之忠，自愧不元辅；同心若金，攻错若石，相期无负平生。"

左宗棠在曾国藩手下任职的时间并不长，自从楚军建立后，他很快仕途顺利，先后出任浙江巡抚、闽浙总督、甘陕总督、总理衙门大臣、两江总督兼南洋通商大臣等。无论是建立马尾船政局、甘肃制造局，还是全力收复新疆、指挥在越南与法国交战，左宗棠在近代中国历史上的贡献都是无与伦比的。

安徽人李文安是与曾国藩同一年的举人，官至刑部督辅郎中、记名御史。他还曾协助监察院御史袁甲三在其家乡河南募勇以剿捻军。

后来，李文安的三个儿子都先后成为曾国藩的幕僚。尤其李鸿章，更是成为曾国藩的得意门生。

李鸿章是道光二十七年（1847）的进士，先是曾国藩的门生，后来又成为曾国藩的助手，深得曾国藩的赏识。

在曾国藩的授意下，李鸿章组建淮军，剿灭了捻军，成就了功名。尽管他的功过至今也没有定论，但不可否认的是，作为首开洋务运动的曾国藩的得力干将，李鸿章负责建立的上海江南机器制造总局的历史功勋是值得称赞的。

值得一提的是，曾国藩的重要幕僚薛福成后来转到了李鸿章的门下，再后来便接替了郭嵩焘担任驻英公使。曾国藩的幕僚康福之子康重武艺高超，曾经在湖南设馆广为授徒，弟子遍及三湘四水，其中就有辛亥革命时期的革命军总司令黄兴。

◎故事感悟

"知人之明，谋国之忠"，可谓是对曾国藩识人能力的恰当评价，本文更在意前者，即曾国藩的知人善用。曾左不和的时候，有人批评左宗棠，说曾国藩尽管打仗功夫不够，但手下有无数将才可调遣，而左自己手下的将才寥寥无几，这使得左宗棠一度无语。看来，这也促使了他致信请曾国藩为他的湘军大将刘松山写墓志铭，因为在对待刘松山的问题上，他不得不承认自己对刘松山"只有役使之往事，而无识拔之旧恩"，而曾国藩才是真正的恩主。

◎史海撷英

曾国藩的"修身十二条"

曾国藩曾经写过很多关于为人处世的家书，在这些家书中，他为自己立下了修身养性的"十二条"：

一、主敬：整齐严肃，清明在躬，如日之升。

二、每日不拘何时，静坐四刻，正位凝命，如鼎之镇。

三、早起：黎明即起，醒后勿沾恋。

四、读书不二：一书未完，不看他书。

五、读史：念三史（指《史记》、《汉书》、《后汉书》)，每日圈点十页，虽有事不间断。

六、谨言：刻刻留心，第一工夫。

七、养气：气藏丹田，无不可对人言之事。

八、保身：节劳、节欲、节饮食。

九、日知其所无：每日读书，记录心得语。

十、月无忘其所能：每月作诗文数首，以验积理的多寡，养气之盛否。

十一、作字：饭后写字半时。

十二、夜不出门。

◎文苑拾萃

酬李芋仙二首

（清）曾国藩

巴东三峡猿啼处，太白醉魂今尚存。

遂有远孙通肝蚕，时吟大句动乾坤。

爱从吾党鱼忘水，厌逐人间虱处裈。

却笑文章成底用？千篇不值一盘飧。

劲翮摩空故绝伦，吹嘘曾未出风尘。

细思科第定何物？却是饥寒解困人。

大道但期三洗髓，长途终通九方歅。

高秋一放脱鞲去，看法飞腾亦有神。

胡雪岩慧眼识人

◎国家用人，当以德为本，才艺为末。——康熙

胡雪岩（1823—1885），名光墉，字雪岩。安徽绩溪人。晚清时期的红顶商人，著名徽商。曾开办胡庆余堂中药店，后入浙江巡抚幕，为清军筹运饷械，1866年协助左宗棠创办福州船政局。在左宗棠调任陕甘总督后，主持上海采运局局务，为左宗棠大借外债，筹供军饷和订购军火，又依仗湘军权势，在各省设立阜康银号二十余处，并经营中药、丝茶业务，操纵江浙商业，资金最高达2000万两以上。现在在杭州鼓楼，仍保存有完好的胡雪岩故居。

清代著名"红顶商人"胡雪岩的发迹史，便是吕不韦风险投资的翻版。

胡雪岩名胡光墉，号雪岩，徽州绩溪人。清末有两大著名的商帮，一是晋商，一是徽商。胡雪岩从小就生活在商业气氛浓厚的徽州。

胡雪岩早年丧父，12岁那年，他迫于生计，便告别母亲，只身来到杭州信和钱庄做伙计。

有一天，胡雪岩在外出为钱庄老板讨账回来时，在一家茶楼里认识了一个名叫王有龄的落魄文人。

胡雪岩每天在钱庄工作，与各种各样的人打交道，因此看人识人很有眼光。他见这个王有龄虽然穷困潦倒，衣衫不整，然而却气宇轩昂，谈吐不凡，便断定这个人不是个等闲之辈。

两人经过攀谈，胡雪岩得知这个王有龄花钱捐了个"候补盐大使"，想北上"投供"，也就是到吏部报到，等候补缺。可惜，这时王有龄的钱都花完了，

没钱再北上了，被困在了杭州，无计可施。

所谓捐官，也就是花钱买官来做。这在封建社会是由来已久、司空见惯的事。做官是为了发财，但有些发了财的土财主，认为自己除了钱之外，还应该弄个官爵，借此提高自己的身份和社会地位。而朝廷一旦遇到战乱或大灾之年，财政紧张，也会允许富商财主花钱买个官爵，这样既充实了国库，又满足了土财主们提高身份和社会地位的愿望。于是，"捐官"这种做法便大行其道。

王有龄捐的这个候补官职，只是取得了任官资格，还必须先要到吏部报到，然后再根据这一官职的空缺情况和吏部的安排，日后才有可能得到这一职位。这也就意味着，王有龄必须先要到吏部疏通关系，日后才有补缺的可能。否则也只能在家里等着，买官的钱也就白花了。

胡雪岩在了解了王有龄的情况后，便在心中暗自盘算：从他的相貌、谈吐来看，王有龄不是一个等闲之辈。他现在沦落在这里，只不过就是缺少金钱。如果给他一笔北上投供的经费，他就可以做官，日后也一定可以飞黄腾达。

同时，胡雪岩也联想到了自己，自己现在只能在钱庄做个小伙计，即使再干十几二十年的，顶多也就是由钱庄的"小伙计"变为"老伙计"，很难有出头的那一天。而如果现在找一个做官的靠山，将来有贵人相助，才可能有前途。

偏偏事情凑巧，这一天胡雪岩为钱庄的老板讨回了一张500两的银票。于是，胡雪岩便慷慨决然地拿出了这张银票，对王有龄说："我曾经读过相面的书，您的面相富贵。我为东家收回来的500两银子，现在就赠送给您吧，请收下！"

王有龄见这位萍水相逢的小兄弟竟然慷然以500两银子相赠，不由得既惊讶又感动。而且，他还十分担心胡雪岩回到钱庄后不好交代，所以执意不收。

胡雪岩说："您不用担心，您自有办法。我无家无业，只有一条命，即便是索去也对他无益。而现在没有这500两银子，您的事情就办不成。所以请您放心地拿去吧，日后得意时再还给我，不要忘记了我就行。"

王有龄此时也的确十分需要这笔钱。因为没有这笔钱相助，他以前花的钱便毫无收益。所以，在感动之下，王有龄收下了胡雪岩的这500两银票。

第二天，王有龄便北上求官去了。而胡雪岩回到钱庄后，也为自己的"义举"付出了代价。

钱庄老板在得知胡雪岩将500两银票"借"给了一个陌生人后，勃然大怒。不过，这时就是把胡雪岩打死也没用，钱庄老板只好将胡雪岩赶了出去。

胡雪岩做了这么一件"傻事"，在杭州的大街小巷被传为笑柄：私自将钱庄的钱赠给陌生人，这个小伙计的胆子可真够大的，谁敢用这样的人啊？

胡雪岩在杭州待不下去了，无奈只好去了上海，然后经别人介绍，在别人家干一些扫地挑水的粗活。

对此，胡雪岩一直都是无怨无悔。他后来发迹后说："帮助王相公进京投供，事后连累我丢了饭碗，当时一点儿顾虑都没有，更没有半点后悔的意思。不过为此遭受生活的困顿，为了生计四处奔波受人歧视是在所难免的。可是，英雄如果不经受挫折，怎么能功成名就呢？生活安逸的人，志向不会远大，想成就一番事业，就必须经受得起磨难，眼光要放长远，在目前留些交情，将来才有见面的余地。"

现在看来，胡雪岩向王有龄赠送银票也是一笔风险投资，但是，这笔投资的确投对了。不久之后，王有龄果然做了大官。他派人四处寻找胡雪岩，在找到胡雪岩后，也给予了胡雪岩很大的帮助，是胡雪岩成为著名"红顶商人"的第一个大力扶持者。

◎故事感悟

任何社会、任何时候都有贫困潦倒者，都有仕途失意者，都有经商失败者，都有默默无闻者。如何发现这些人中哪个是虎落平阳、哪个是龙困浅池，却并不容易。不能慧眼识人，是成不了"吕不韦"和"胡雪岩"的。

◎史海撷英

胡雪岩戏耍骗客

清代"红顶商人"胡雪岩开设了很多家当铺。有一天，当铺里来了一位客人，客人称自己要当一件稀世珍宝——"商朝的古董",出价是三百两银子。当铺伙计便收下了。

晚上胡雪岩回来发现,这个所谓的"商朝的古董"是个赝品。这可怎么办?

第二天,胡雪岩就派人通知全城的达官贵人,请大家来当铺鉴赏宝贝,并备好筵席以示庆贺。很快,全城有名望的要员都来了,酒席也都摆好了。大家都催着胡雪岩赶快把宝贝拿出来,让大家一睹为快。

这时胡雪岩命令伙计:把那件稀世珍宝请出来……

很快,伙计就抱着宝贝下楼来了。结果伙计一个不慎,一脚踏空,连人带宝贝一起滚下了楼梯。"商朝的古董"被摔成了碎片。

顿时,大家都大呼小叫:可惜可惜!太可惜了!

随后,胡雪岩当铺的古董被打碎的消息就传遍了全城的大街小巷。

第三天,当铺果然来了真佛——"商朝的古董"的主人拿着三百两银子要赎回那件古董。如果当铺拿不出来这件古董,就要加倍赔偿!

胡雪岩微笑着收下银两,确认银两无假后,便叫掌柜拿出那所谓的"商朝的古董"。

"你,你,不是……不是已经摔了吗?"稀世珍宝的主人惊讶得语无伦次。

胡雪岩微微一笑,说:我摔的那个宝贝比你这个更假呢!

◎文苑拾萃

胡雪岩故居

佚名

深院高墙梦幻堂,黄金屋里透凄凉。

商机涌处危机伏,官运通时霉运藏。

霹雳乍来红顶落,家财顿失黑纱扬。

几家富贵传三代?滚滚钱江遗恨长。

ZHONGHUACHUANTONGMEIDEBAIZIJING

中华传统美德百字经

知·自知知人

第三篇

博学多思能多知

曹刿论战

◎永远不要夸耀无知，无知就是无力。——格言

曹刿（生卒年不详），鲁国人。春秋政治家、军事家。

鲁庄公十年（前684），齐桓公不顾管仲的竭力劝阻，派鲍叔牙率领大军讨伐鲁国。

在这之前，齐国和鲁国已经交战过几次了，鲁国都被齐国打败。现在听说齐国大军压境，鲁庄公吓得大惊失色，不知所措。这时，一直隐居的曹刿求见庄公，主动提出愿意为抵抗齐军而出谋划策。

庄公问曹刿："齐强鲁弱，我们能够打胜吗？"

曹刿反问："国君感到自己为百姓办了哪些好事，能使百姓和您同心同德去战胜敌人呢？"

庄公说："寡人虽然尽责不够，但还是时时想到百姓。吃穿不敢独享，常常分给人们。"

曹刿说："这就很好，但只靠施这些小恩小惠，百姓还是不会真心实意地跟随国君去作战的。"

庄公又说："寡人还能时刻想到百姓疾苦，凡是重要的诉讼案件，都会亲自考察，不因为自己所爱而滥赏，不因为自己所恶而加刑，一定都按实情做出处理。"

曹刿高兴地说："好！国君真能做到这样，我们就可以与齐国一决雌雄了。"

庄公进一步问曹刿："那么我们要用什么方法才能战胜齐国呢？"

曹刿说："打仗要根据战场的千变万化而随机应变，决不能事先凭空决定采取什么固定的战法。我愿与陛下一起率军前去作战，然后再根据实际情况谋划。"

庄公认为曹刿讲得很有道理，于是就同曹刿一起带领大军迎敌。

齐、鲁两军在长勺（今山东莱芜东北）摆开了阵势。齐国的主将鲍叔牙由于一路进军顺利，便产生了轻敌之心，首先下令击鼓进军。齐军呐喊着向鲁军阵地冲来。

庄公见状，也想击鼓迎战齐军。这时，曹刿连忙制止，并要庄公传令全军严守阵地，不得乱动和喧哗，擅自出战者斩。鲁军纹丝不动，齐军冲不破阵势，只好退了回去。

接着，鲍叔牙又第二次下令击鼓进攻。齐军再次重振精神，向鲁军的阵地冲来。而鲁军仍然岿然不动，齐军又一次退了回去。

鲍叔牙见鲁军两次都不出动，以为鲁军怯阵，下令第三次击鼓进攻。这时，曹刿果断地告诉庄公击鼓冲锋。

随着鼓声，鲁军阵中杀声骤起，士兵们像猛虎出笼一般冲杀过去。齐军这一次被杀得七零八落，丢盔卸甲，狼狈溃逃。

鲁庄公见齐军败退，便要下令立即追击。曹刿忙说："别急。"然后，他仔细地察看了齐军逃走的车辙，又登上战车前的横木向齐军逃跑的方向瞭望了一阵，才要庄公下令全力追击。鲁军追杀了三十余里，斩杀、俘虏了许多齐军，缴获了辎重无数，全胜归来。

战后，鲁庄公问曹刿为何要等到齐军第三次击鼓进军时才下令出击。曹

刿说;"打仗主要靠士气,而击鼓就是为了鼓舞士气。第一次击鼓进攻,士气旺盛;第二次击鼓进攻,士气就已经衰落了;待到第三次击鼓进攻,士气已消失殆尽了。而我军却是一鼓作气,勇气十足,当然就把对方打败了。"

庄公又问:"那为什么齐军逃走了,你不让我军马上追赶呢?"

曹刿说:"大国之间交锋,虚虚实实,齐军虽退,也要特别提防有诈。"

庄公听罢,十分佩服,说:"你是真正的军事家啊!"立即拜曹刿为大夫。

◎故事感悟

曹刿的运筹帷幄就在于他的博学多知。在鲁庄公面前,他正确地分析了战争的有利因素和不利因素,谈到了战前应有的准备。在跟随庄公参战的过程中,他又根据战争的不同情况,为其出谋划策,终于取得了战争的胜利。

◎史海撷英

鲁庄公晚年

鲁庄公在位的第三十二年(前662),一病不起。由于他的夫人哀姜没有生下子嗣,所以也就没有"嫡嗣"。因此,鲁庄公就打算从"庶子"中选一位继承自己的王位。

鲁庄公与三弟叔牙商量,然而叔牙因为接受了二哥庆父的贿赂,主张立庆父为鲁国君主;鲁庄公又与四弟季友商量,季友则坚持要立鲁庄公与他的妃子所生的儿子公子斑,并逼叔牙发誓拥立公子斑。

该年八月,鲁庄公病逝,斑继承了君主位。庆父不甘心失败,便与哀姜暗中谋划,想要暗杀斑。这时,恰好有一个名叫荦的"圉人"(圉,养马的地方;圉人,养马的人),既有力气,也很鲁莽,因受到过鲁庄公的责罚而心怀不满,庆父便让荦乘着丧期打死了斑,另外由庆父立了哀姜的妹妹叔姜生的儿子姬开,这就是鲁闵公。

◎文苑拾萃

春秋战国门庄公

（唐）周昙

齐甲强临力有余，鲁庄为战念区区。

鱼丽三鼓微曹刿，肉食安能暇远谟。

叔孙通博学能识文

◎败莫败于不自知。——吕不韦

> 叔孙通（？—约前194），又名叔孙何。西汉初期儒家学者，曾协助汉高祖制订汉朝的宫廷礼仪，先后出任太常及太子太傅。

秦朝时期，秦二世胡亥在位期间，由于叔孙通有文学才能而被征为待诏博士。然而不久，叔孙通便带着自己的一帮弟子逃离了秦朝的国都长安，来到薛郡，投奔楚王项羽。

以后，叔孙通又投奔汉王刘邦，刘邦拜叔孙通为博士，号为"稷嗣君"。

公元前206年，刘邦称帝后，拜叔孙通为太常，赐金500斤，其弟子亦都封为郎。叔孙通一出皇宫，就把500斤黄金分给了自己的弟子。

汉高祖九年（前198），叔孙通又被升为太子太傅。汉高祖十二年，叔孙通劝阻了汉高祖改封太子的想法。同一年，高祖崩，惠帝刘盈继位，封叔孙通为太常卿。随后，叔孙通为汉惠帝制定了宗庙仪法。

有一次，汉高祖刘邦的密友、将军夏侯婴乘坐马车行至长安东都门，马便鸣叫不止，不再走了，而是不停地用蹄子刨土，刨了很久。

夏侯婴感到十分奇怪，就命令士卒掘开地面。士卒掘到三尺深的地方时，挖出了一座石椁。夏侯婴一看，石椁上刻着一些字。

这些字都是古异字，夏侯婴和身边的人都不认识。于是，夏侯婴就把博学多识的叔孙通请来辨认。

叔孙通一眼就认出来了，他说："这是蝌蚪文，翻译成今文就是：'佳城郁郁，三千年见白日。吁嗟！滕公居此室。'"

滕公就是夏侯婴的封号。夏侯婴一听，很害怕地说："天啊！难道我死后就是要葬在这里吗？"

没想到这件事后来果然应验了。夏侯婴是沛郡（今安徽省睢溪县）人，与汉高祖刘邦是同乡，年轻时曾为沛郡马厩驾马。后来，他跟随刘邦四处征伐，屡立战功，刘邦封他为滕公。刘邦自立为汉王后，便赐夏侯婴为列侯，号昭平侯，又为太仆。

刘邦死后，夏侯婴又以太仆历事惠帝刘盈、高后吕雉及文帝刘恒。死后，谥号为文侯。以后，人们便以"佳城"、"滕公宅"比喻墓地。例如，唐人骆宾王诗《丹阳刺史挽词三首》之一云："佳城非旧日，京兆即新阡。"

唐人李端诗《张左丞挽歌》之一云："鸟来伤贾傅，马立葬滕公。"

唐人沈彬的住处有一棵大树，沈彬曾指着这棵树对儿子说："吾死可葬于此。"沈彬死后，人们在大树下挖墓穴时，发现一座古冢，其间有一古灯，台上有漆篆文写道："佳城今已开，虽开不葬埋。漆灯犹未灭，留待沈彬来。"

◎故事感悟

叔孙通博学多识，不用翻阅文案，就能立刻认出那些碑石上的"蝌蚪文"，并能说出其中含义，可见他的知识之渊博。

◎史海撷英

叔孙通制礼

刘邦在统一天下后，便在定陶被诸侯尊为皇帝，是为汉高祖。

刘邦称帝后，便下令废除秦朝的各种繁杂仪法，代以简易的规范。但是，他又感到君臣之间的礼节不够严格。叔孙通在得知刘邦的这一想法后，便自荐为刘邦制定朝堂礼仪。

叔孙通采用古代礼制，又参照了秦朝的仪法而制礼，并召儒生与其共同商议，一起制定了朝仪。

高祖七年（前200），长乐宫建成，诸侯大臣都依朝仪行礼，次序井然。叔孙通所订的朝仪简明易行，适应了加强皇权的需要。他也因为这一功劳而拜奉常，其弟子也都晋封为郎。

高祖九年（前198），叔孙通升为太子太傅。十二年（前196），高祖刘邦打算废掉太子刘盈，叔孙通以不合礼仪劝阻刘邦，刘邦接纳了他的意见，没有废掉太子。

惠帝刘盈即位后，令叔孙通制定宗庙仪法及其他多种仪法。司马迁后来尊叔孙通为汉家的儒宗。

◎文苑拾萃

叔孙通

（宋）王安石

先生秦博士，秦礼颇能熟。

量主欲有为，两生皆不欲。

草具一王仪，群豪果知肃。

黄金既遍赐，短衣衣已续。

儒术自此凋，何为反初服。

博学多识的杜预

◎落其实者思其树，饮其流者怀其源。——庾信

杜预（222—285），字元凯。京兆杜陵（今陕西西安）人。西晋政治家、军事家、学者。生平最大功绩是灭掉东吴，统一中国。曾先后撰著《春秋长历》、《女记赞》、《盟会图》等，晚年著有《春秋左氏经传集解》、《春秋释例》，论证严谨，考辨精微，是历代学者推崇的学术著作。

杜预是望族之后，他的祖父杜畿是三国时期魏国的尚书。父亲杜恕，曾任幽州刺史。

年轻时，由于与司马懿的政见不和，杜预一直得不到重用。司马懿死后，司马炎掌权。这时，司马昭了解到杜预很有学识，便很赏识他，还把自己的妹妹高陆公主嫁给杜预，杜预因此而成了司马懿的女婿，被封为尚书郎，继承祖爵，封为乐亭侯。这也为他后来发挥自己的才华创造了有利的条件。

在司马昭的支持下，杜预开始参与魏国的军事。

魏元帝景元四年（263），司马昭率兵攻打蜀国，兵分三路进军。其中一路是邓艾领兵三万人，向甘松（今甘肃迭部东南）进军；二路是诸葛绪率兵三万人向武街（今甘肃成县西北）进军；三路是由钟会率领主力十万兵马，向汉中进发，直逼成都。

当时，杜预正以镇西长师跟随钟会攻取汉中，进军剑阁，并在这次战役中初露锋芒。后来由邓艾偷渡阴平，直捣成都，取得了成功。

晋武帝泰始六年（270）六月，杜预又协助安西将军石鉴出兵陇西，抗击

鲜卑族首领拓跋树机的进攻。当大军到达塞外后，石鉴没有察清敌军虚实，便急于交战。而杜预审时度势，经过仔细分析后认为：我方来自长安，长途跋涉，而且仅有步兵300人，骑兵百余，又无粮草军需，如果孤军深入，与鲜卑军交战，他们人强马壮、士气高昂，我军必遭失败。

因此，杜预提出了"五不可，四不须"的原则，反对石鉴这样盲目出兵，主张应先养精蓄锐，筹集粮草，待到来年春天再出兵。

然而杜预的这一建议却令石鉴大怒，他捏造罪名，加害杜预，并且强行出兵。结果不出杜预所料，石鉴的军队遭到了大败。

第二年正月，匈奴左贤王刘猛举兵叛晋，拥兵自立。晋朝朝中急忙商讨御敌之策，杜预认为，现在不应劳师远征，建议"立田籍，建安边，论处军国之要。又作人排新器，兴常平仓，定谷价，较盐运，制课调，内以治国，外以救边者五十余条"（《晋书·杜预传》）。

司马炎认为杜预的建议很合理，于是采纳了杜预的主张，以逸待劳，加强防务，发展生产，最终制止了边患的蔓延。这一措施，也充分显示了杜预深谋远虑、料事如神的才华，因而后人称他为谋略家。

随着西晋政权的逐渐巩固，司马炎也加紧了消灭东吴的准备步伐。他首先采纳了卫将军羊祜的建议，一边分化瓦解吴军，一边屯田兴农，积极训练水军。

经过十年的努力，晋国的水军船多兵强，粮草丰裕。晋武帝咸宁二年（276），羊祜请求出兵伐吴，因泰凉（甘肃甘谷、武陵）少数民族入侵和大臣反对而作罢。后来散骑常侍张华又请出兵伐吴，因计划不周，遭到失败，张华几乎被杀。

咸宁四年（278）十二月，羊祜病故，遗言"举杜预自代"。杜预代其为镇南大将军，都督荆州军事，继承伐吴的事业。

孙权死后，吴国国内嫡庶争立，大臣对峙，互相残杀。新君孙皓骄奢淫逸，臣民怨声载道，长江上游防务松弛。

咸宁五年（279）秋，杜预认为讨伐吴国的时机已经成熟，于是第一次上书请求发兵，司马炎决定"待明年方欲大举"。

　　杜预见司马炎还没有起兵之意，便感到心神不宁，并对长江防务又进行了观察，不见东吴船只上驰，这说明东吴的上下游首尾根本不能相顾，晋军应该此时乘虚而入。于是，他又一次上书陈说利害，要求伐吴。司马炎还是没有给予重视。

　　两次上书无效，杜预也没有因此而灰心。不久，他又第三次上书请求出战，并指出朝臣反对伐吴，乃是"计不出己，功不在身"，根本没有从国家的利益出发。如果东吴的孙皓加强防务，或由建业（南京）迁都武昌，集战船于夏口，明年再讨伐吴国就会失去最佳的时机。

　　当奏章送到宫中时，司马炎与张华正在下棋。张华见杜预的奏表与自己的主张不谋而合，便乘机向司马炎进谏说："陛下圣武，国富民强，吴主淫虐，诛杀贤能，当今讨之，可不劳而定，愿勿以为疑！"终于说服了司马炎。

　　晋武帝咸宁五年（279）十一月，司马炎采取了羊祜的主张和杜预"随界分进"的战略计划，发兵二十余万，分六路全面向东吴发起进攻。杜预则亲率一路自襄阳南下江陵（今湖北江陵），随后南下，直取交、广二州。

　　自从出任镇南大将军开始，杜预就十分注意加强防务，并于咸宁四年（278）十一月，出其不意地进攻西陵（今湖北宜昌）。

　　当时，西陵是由吴国的大将张政镇守，但是布防混乱，疏于戒备。杜预在攻打过程中，没费多大的力气就生擒了大量吴兵。张政害怕暴虐的孙皓不能饶了自己，便没敢禀报真情。

　　杜预得知后，便给孙皓写了一封书信，详细地陈述了吴兵惨败的状况，并表示愿意生还俘虏。

　　这本来是离间吴主与边将关系的一个计谋。孙皓接到书信后，果然大怒，一面调回张政，免官问罪；一面指派武昌监军刘宪督率张政部属，接替西陵防务。吴军的将领本来就对孙皓怀有戒心，现在又调换防务，这更令他们忧心忡忡，以致军心涣散。

　　现在，司马炎决心攻打吴国，杜预便率军自襄樊南下，围攻江陵。

江陵位于长江北岸，是吴国上游建平郡与下游江夏郡往来的必经之地，同时也关系着长江南岸的乐乡，因而战略位置十分重要。

但是，杜预却没有直接进攻江陵，而是先取上游。他与巴蜀一带的王浚率水军一同顺江东而下，东西夹攻，先取下了西陵，斩了吴国的都督刘宪。接着，杜预又破荆门（西陵东）、夷道（今湖北宜都），杀掉了东吴夷道监军陆晏，继而进军乐乡。

乐乡是由孙歆把守的，这里面向长江，背靠麻山，防守十分严密，因此难以强攻。

于是，杜预便派管定、周旨、伍巢率奇兵八百人偷渡长江，沿江到处竖立晋军的旗号；并且还派人潜入麻山，点燃烽火，造成晋军兵临城下的巨大声势，吓得吴军一万多人很快就投降了晋军。

这时，王浚的水军也赶到了乐乡，孙歆只得出城迎战，大败而归。周旨、伍巢乘机入城，直入帐下，生擒了孙歆，攻克乐乡。

这一战役，令杜预声威大振，军中甚至出现了"以计代战一当万"的歌谣。

拿下西陵、荆门、夷道、乐乡之后，江陵孤立，断绝上游之援。镇守江陵的都督伍延负隅顽抗，一面派人出城诈降，一面列兵登陴（女墙）诱击晋军。杜预识破诡计，攻下江陵，斩了伍延。江陵失守，吴国上下震惊。

杜预拿下江陵后，便继续率军南下，陆续攻克了零陵、桂阳（今湖南郴县）、衡阳等地，又南下两广（今广东、广西），吴郡闻风归顺投降。

在此期间，杜预率领的晋军共斩获吴国都督、监军14人，牙门、郡守百二十余人，晋军完全控制了长江上游和江南各地。

杜预攻下江陵后，又说服了司马炎，直接攻取建业，改变了以陆战为主水战为辅的战略，而坚持以水战为主。他还授权王浚独立作战，乘胜顺江东下，并将自己的一万人马拨给王浚，使其攻取建业。

晋武帝太康元年（280年）三月，王浚率领的水军进达牛渚（今安徽当涂西北)，孙皓派游击将军张录率两万余人抵抗，结果望风而降。王浚又"戎卒八万，方舟百里"，进攻建业，孙皓绝望，只得到王浚的军门前请降。

这场战役完全在杜预的预料之中，因此史书(《读通鉴论》)中说："平吴之谋，始于羊祜。祜卒，举杜预以终其事。"

东吴被灭后，彻底结束了三国以来群雄割据的分裂局面，实现了全国的统一。杜预自然是功盖天下，被封为当阳县侯。

晋武帝太康五年(284)，杜预死于邓县(今湖北襄阳县北)，享年62岁。司马炎念其功勋，追赠他为征南大将军。

◎故事感悟

杜预为名将大儒，有古今罕见之奇才，古往今来，为人敬重，众口皆碑。

◎史海撷英

杜预参与法律制定

咸熙元年(264年)七月，司马昭命荀勖、贾充、裴秀、郑冲等人改制礼仪、法律、官制等。当时，杜预任守河南尹，受命参与法律制定。

杜预所参与制定的这部历法，就是晋武帝泰始四年(268年)所颁布的《晋律》。杜预在《晋律》的《律序》中指出："律以正罪名，令以存事制"(《太平御览》卷六三八)。

《晋律》是我国法律史上明确区分律(刑法制度)、令(规章制度)概念最早的法典，它使晋朝的法律比汉魏时期旧律的界限更加分明，体系也更加完备。

杜预还在其中提出，法律是官吏量刑的标准，而不是讲道理的书。所以，法律应该条目省减，文字简明通俗，以便老百姓都容易弄懂，不轻易触犯。

依据杜预的主张，晋朝所制定的法律对汉魏时期的旧律施行了大刀阔斧的剪裁，只保存了2900余条，12.6万余字。所以，后来的唐人称赞它"实曰轻平，称为简易"(《隋书·刑法志》)。

◎文苑拾萃

杂咏一百首·杜预

（宋）刘克庄

征南满腹智，实似小儿痴。

汉水有涸日，沉碑无出时。

咏史下·杜预

（宋）陈普

晋武良心独未亡，娼家渎礼自多妨。

洛中冠盖无多日，元凯春秋亦短长。

谢灵运八斗之才

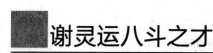

◎旧书不厌百回读，熟读精思子自知。——苏轼

> 谢灵运（385—433），东晋将领谢玄之孙，小名"客"，人称谢客。又因袭封康乐公，被称为谢康公、谢康乐。浙江会稽人，原为陈郡谢氏士族。山水诗人，主要创作活动在刘宋时代，主要成就在于山水诗。由谢灵运开始，山水诗便成为中国文学史上的一大流派。

南朝时期的谢灵运，是一位善于写就山水诗的文学家。他自幼便聪明好学，读过很多书，因而也受到祖父谢玄的宠爱。

谢灵运出身于东晋的大士族。由于袭封康乐公的爵位，因而世人都称他"谢康乐"。

谢灵运虽然身为公侯，但却并没有什么实权，后来被派往永嘉任太守。谢灵运自叹怀才不遇，便常常丢下公务，寄情于游山玩水。

后来，谢灵运干脆辞掉了官职，移居会稽，经常与友人酗酒作乐。当地的太守派人劝他节制一些，却被他怒斥了一顿。可是，谢灵运所写的山水诗却深受人们的喜爱。他每写出一首新诗，立刻就会被人争相抄录，而且很快就流传开去。

宋文帝在继位后，又将谢灵运召回京城担任官职。宋文帝将谢灵运的诗作和书法赞为"两宝"。

谢灵运时常纵情于山水。有一次，他对迷于佛事的会稽郡守说："得道是要靠慧根的，你升天会在我前面，但成佛一定会在我后面。"

在家乡游玩的时候，谢灵运的后面经常跟随着数百名仆役，浩浩荡荡，兴师动众。有一次，他率仆役在世袭的南山游荡，遇林开路，见水架桥，不觉间竟然进入相邻的临海郡境内。临海太守误为盗贼入境，匆忙带兵前来抵御。

谢灵运还发明了一种木屐，上山时去掉前齿，下山时去掉后齿，成为登山者效仿的工具。数百年后，诗人李白在攀登浙江境内的天姥山时，脚上踏的就是"谢公屐"。

◎故事感悟

正因为谢灵运才高八斗，他才能正确认识自己，寄情于山水，赋出一首首令人传唱的诗词。他能够运用自己的才学去开拓创新文学，也为后人留下了一首首脍炙人口的佳作！

◎史海撷英

店家女巧对谢灵运

谢灵运在任永嘉太守期间，经常四处走访，体察民情。

有一天，谢灵运来到了景宁鹤溪山村，晚上就寄宿在溪边的一个客店内。吃完晚饭后，正拥着被子躺在床上看书，忽然传来一阵"噔噔噔"的上楼梯声，有人上楼来给他送茶。

谢灵运抬头一看，见进来一位十五六岁的姑娘，打扮得很朴素，一条丝带扎住了满头的秀发。谢灵运随口就吟道："六尺丝带，三尺缠头三尺挂。"

不料，姑娘朝谢灵运淡淡一笑，便答出了下句："一床棉被，半床遮身半床空。"

谢灵运一听，不由得大吃一惊，真没想到这姑娘很有才气，对仗如此工整，只可惜口气有点轻飘：我男你女，你怎么好意思说我棉被半床空呢？因此，谢灵运又说了一句："竹本无心，偏生许多枝节。"

姑娘一听，知道刚才自己随口所对的句子让谢灵运误会了，便马上答道："藕虽有孔，不染半点污泥。"

说完，姑娘离房而去。谢灵运目送着姑娘的背影，自言自语地说："山高溪小，偏出如此奇女。"

偏偏姑娘在下楼梯时听到了这句，便又朗声答道："地僻村贫，莫嫌怠慢贵客。"

◎文苑拾萃

道路忆山中

（东晋）谢灵运

采菱调易急，江南歌不缓。

楚人心昔绝，越客肠今断。

断绝虽殊念，俱为归虑款。

存乡尔思积，忆山我愤懑。

追寻栖息时，偃卧任纵诞。

得性非外求，自己为谁纂？

不怨秋夕长，常苦夏日短。

濯流激浮湍，息阴倚密竿。

怀故叵新欢，含悲忘春煖。

凄凄明月吹，恻恻广陵散。

殷勤诉危柱，慷慨命促管！

赞宁洞古博物

◎读书百遍，其义自见。——《三国志》

赞宁（919—1001），北宋僧人，俗姓高。吴越吴兴德清（今属浙江）人。先人曾是黄河流域的渤海郡人，隋末徙吴兴郡清德县。后唐天成年间赞宁在杭州祥符寺出家，入天台山受具足戒，先学四分律，精研三藏。后往灵隐寺，习南山律，旁通儒、道二家。文辞颇善，与人谈论，辞辩纵横，虽东方朔、张茂先亦不能过，人称"律虎"。吴越武肃王时，曾任监坛和两浙僧统，赐号明义。后宋太祖又赐赠紫衣，宋太宗征他入汴京，赐号"通慧大师"。太平兴国初奉诏编修《大宋僧史略》三卷，记载佛教事务及典章制度的起源和沿革。著作有《四分律行事钞音义指归》三卷（已佚）、《舍利宝塔传》一卷、《护塔灵鳗菩萨传》一卷等。

宋代的佛教史专家赞宁，不仅精于佛学而且知识广博。

有一次，柳仲涂问："我前些年在扬州当地方官时，公堂后边的菜园子里遇阴雨天气就有青色焰火，如果靠近它接触它就散开了。这是什么现象？"

赞宁当即回答说："这是磷火。战争中死伤者的血或牛马血流在土壤里，则有磷凝聚在土中，虽经历千年之久也不会散掉。"

柳仲涂一听，十分敬佩，忙向赞宁行礼，说："我在那里发掘过，有不少断枪折镞，那里是古战场啊！"于是写诗赠给赞宁，其中有"空门今日见张华"的句子，用晋代大学问家《博物志》的作者张华来比喻赞宁，表示对他的敬意。

江南的徐知谔得到一幅奇画，画的是牛：白天观看，牛在地里吃草；到夜里再看牛回到栏内安卧了。徐知谔把这幅画献给了南唐后主李煜。

宋王朝统一江南后，李煜把此画献给大宋皇室。

宋太宗曾将此画挂在皇宫后苑，让群臣观看，并研究画面昼夜变化的原因，但满朝文武没有知道的。

最后还是赞宁解释了其中的原委，他说："日本南部海岛沿岸在退潮或海面下降时，有滩涂的碛石微露在外，在那里拾得的蚌蛤风干后，里面余有残泪不干，仅数滴；用它来调和颜色，涂在物件上，白天看不出来，夜晚无光时则显现出来。相反，在沃焦山不时有大风能飞沙卷石，有石块落在海岸，拾到它滴水磨石，用来染东西，则白天显现，到夜晚则晦暗不见。"

诸位大臣听了他的解释，以为是无稽之谈。赞宁说："这些知识记载在张骞的《海外异物记》中。"

杜镐检索三馆书目，果然在六朝旧本中看到了有关记载。赞宁所以知识这样渊博，正是他平时勤学的结果。

◎故事感悟

赞宁能够详细地解释令所有人迷惑的现象，并说明其来龙去脉，可谓是学富五车。这个故事说明，孤陋寡闻是可怕的，只有不断学习，不断用知识丰富我们的头脑，才能懂得事情的本末，才能懂得世道，才能正确认识自己。

◎文苑拾萃

寄赞宁上人

（宋）王禹偁

支公兼有董狐才，史传修成乙夜开。

天子远酬丹诏去，高僧不出白云来。

眉毫久别应垂雪，心印休传本似灰。

若念重瞳欲相见，未妨西上一浮杯。

刘原父博学多闻

◎书富如入海，百货皆有。人之精力，不能兼收尽取，但得尔所欲求者尔。故愿学者每次作一意求之。——苏轼《东坡文集事略》

> 刘敞（1019—1068），字原父。新喻（今江西新余）人。仁宗庆历六年（1046）进士，以大理评事通判蔡州。皇祐三年（1051），为太子中允、直集贤院。至和元年（1054），迁右正言、知制诰。至和二年（1055），出使契丹。至和三年（1056），知扬州。嘉祐四年（1059），知贡举。嘉祐五年（1060），以翰林侍读学士充永兴军路安抚使、兼知永兴军府事。神宗熙宁元年（1068）卒于官。著有《公是集》七十五卷，今佚。

北宋学者刘原父，知识广博，根底深厚。

刘原父在长安的时候，有人得到一件珍贵的古代铁制刃器，制作的工艺非常精巧；器下的大环，是用一条缠绕的龙做的，而其首则是鸟的样子，人们都不能辨识这是个什么器物。

刘原父研究了以后，说："这是建立夏政权的匈奴人赫连勃勃所铸的龙雀刀，就是被人称作大夏龙雀的那一种。"后经查问，这件刃器正是在陕北筑青涧城时掘地得到的，那里正是当年夏国的疆土。

长安李士衡家里收藏着一块珍贵的端砚，砚下铭刻的文字是："天宝八年冬端州东溪石刺史李元书。"

刘原父见砚大笑，说："天宝的年号怎么能有多少年的记法呢？从一改元天宝就称为'载'了。而且，那个时代的州都普遍地称为'郡'，刺史都称为'太守'，直到至德年间才改过来的。"

从那以后，李氏的砚再也不拿出来夸耀于人了。

◎故事感悟

　　正所谓"一叶落而知天下秋"。正因为刘原父的知识渊博，他才能知道砚台的来龙去脉。一个人没有知识是可怕的，很容易显得孤陋寡闻。我们也应该以这个故事为启示，用丰富的知识去武装自己的头脑。

◎文苑拾萃

和刘原父澄心纸

（宋）欧阳修

> 君不见曼卿子美真奇才，久已零落埋黄埃。
>
> 子美生穷死愈贵，残章断稿如琼瑰。
>
> 曼卿醉题红粉壁，壁粉已剥昏烟煤。
>
> 河倾昆仑势曲折，雪压太华高崔嵬。
>
> 自从二子相继没，山川气象皆低摧。
>
> 君家虽有澄心纸，有敢下笔知识哉。
>
> 宣州诗翁饿欲死，黄鹄折翼鸣声哀。
>
> 有时得饱好言语，似听高唱倾金罍。
>
> 二子虽死此翁在，老手尚能工翦裁。
>
> 奈何不寄反示我，如弃正论求俳诙。
>
> 嗟我今衰不复昔，空能把卷阖且开。
>
> 百年干戈流战血，一国歌舞今荒台。
>
> 当时百物尽精好，往往遗弃沦蒿莱。
>
> 君从何处得此纸，纯坚莹腻卷百枚。
>
> 官曹职事喜闲暇，台阁唱和相追陪。
>
> 文章自古世不之，间出安知无后来。

纪昀 "投河"

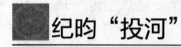

◎读万卷书，行万里路。——刘彝

纪昀（1724—1805），字晓岚，又字春帆，晚号石云，又号观弈道人、孤石老人、河间才子，谥号文达。在文学作品、通俗评论中，常被称为纪晓岚。清乾隆年间的著名学者，政治人物，直隶献县（今中国河北献县）人。官至礼部尚书、协办大学士，曾任《四库全书》总纂修官。

纪昀是清代翰林院大学士，字晓岚，博学多才。

有一天，乾隆皇帝故意问纪昀：什么叫"忠孝"？

纪昀背书似的回答说："君要臣死，臣不得不死，为忠；父要子亡，子不得不亡，为孝。"

乾隆就想难为一下纪昀，所以便说："现在我命你去死！"

"臣领旨！"纪昀毫不犹豫地说。

乾隆又问他打算怎样死，纪昀说去投河。

"好，准许你投河！"乾隆说罢就坐下来看书。他知道聪明过人的纪昀不会真的去死，只想看看他如何应对。

果然，纪昀出去一会儿就回来了，乾隆便问他为什么没死？

"我来到河边，正想往下跳，"纪昀煞有介事地说，"突然屈原从水里走上来，硬将我抱住。他叫我回来问一问皇上，所以便转了回来！"

"问我什么？"乾隆感到奇怪。

纪昀答道："屈原说，当年楚襄王是个昏君，他才不得不死。如今皇上是不是昏君？你回去问清楚皇上，如果他说是真的，你再死也不迟呀！"

乾隆听了大笑，说："得啦，我算服了你啦！"

◎故事感悟

诙谐之间，我们即可感受到纪晓岚博学多才的大智慧。所谓伴君如伴虎，如果纪晓岚没有丰富的知识和敏捷的思维，不能够从容应对，那么他的命运如何，我们便可想而知了！

◎史海撷英

纪晓岚题联讽庸医

相传纪晓岚生活的时期，附近住着一位庸医，医道拙劣，曾将纪晓岚误诊了好几次，纪晓岚对他十分不满。

然而，这位庸医偏偏再三来请求纪晓岚的"墨宝"，其用意当然是想借纪晓岚的名望来抬高一下自己的身价。

纪晓岚推托不了，只好替他写了一块匾额——"明远堂"。庸医见这三个字写得很漂亮，名字也很响亮，就高兴地带着回去了。

旁人都不明白纪晓岚题的这三个字究竟是什么意思，就问他。纪晓岚解释说："经书上不是有'不行焉，可谓明也已矣'和'不行焉，可谓远也已矣'的句子吗？像这样的医生，只好说他'不行'。"

听的人不禁哑然，就又问纪晓岚："假如这医生再来纠缠不休，定要配副对联，你打算怎样？"

纪晓岚回答说，自己早已想好了两副对联，一副五言的，是把孟浩然一首五言律诗里的"不才明主弃，多病故人疏"两句变换两个字，成为："不明财主弃，多故病人疏"（上联中的"不明"是指医道不高明，"财主"就是指求医的病家，下联中的"故"字解释为"事故"）；另一副七言对联，上联是用杜甫《兵车行》诗里的现成句子："新鬼烦冤旧鬼哭"，下联是用李商隐《马嵬》诗里的现成句子："他生未卜此生休。"

◎文苑拾萃

蹀躞骄骢

（清）纪晓岚

蹀躞骄骢看杏花，樱桃会后暂还家，

烟波一片孤帆影，便是仙人贯月查。

放眼澄江万里秋，飘然一叶似渔舟，

谁知水驿停桡处，楼上珠帘总上钩。

蒲松龄赴宴

◎知之不多但准确无误，总比知之甚多并一味地空想
要强得多 。——格言

蒲松龄（1640—1715），字留仙，一字剑臣，别号柳泉居士。山东淄川（今淄博市
淄川区）汉人，世称"聊斋先生"。

蒲松龄在屡次考试不中后，便回家乡蒲家庄教书去了。在教书之外，他便将满腔的忧愤全部倾注在自己的著作《聊斋志异》上，从来不与官场人物来往。

有一天，蒲松龄忽然收到了宰相的一份请帖，上面写着："请吃半鲁。"

蒲松龄对这类请帖一向都是深恶痛绝，老百姓连饭都要吃不上了，而那些为官者却还每天吃着山珍海味。

于是，蒲松龄就对送请帖的来者说："我身体不佳，不能前往，请回复宰相谅解。"

妻子在一旁听说蒲松龄不去赴宴，便认为这样做不妥。她对蒲松龄说："这样做不好，人家一是宰相，当了官又没忘记旧友；二是您和这位宰相曾经同窗共读，不论从哪方面来说，还是应该赴宴的。"

蒲松龄沉思了良久，最后还是听从了夫人的建议，决定赴宴。

来到宰相家里后，席宴刚一开始，两位使女就抬着一盆鱼汤送上桌来了。宰相恭敬地说："请多多包涵，小弟入官以来，一直默守清廉，不涉烟尘。这并不是什么席宴，只不过是想请尊兄尝试一下怎么浑水摸鱼而已。只有悟清

此中奥妙，才可步入尘世。"

蒲松龄一听，感到很不愉快，认为人生本来就该出污泥而不染。于是，他就想出了一个办法，想着来日回敬一下宰相。

几天后，蒲松龄果然采用同样的方式宴请宰相。宰相在接到蒲松龄送来的"请吃半鲁"的请柬后，欣然前往。

来到蒲松龄门前后，看到茅房破屋，心里不由产生一种怜悯感。想当年，同窗共读，老兄的学识远远超过我好几倍呀，只可惜性情刚直，对世态炎凉时常感到不满，加上又没钱打点各级考官，竟然落到如此地步。

于是，宰相就想取些银两救助蒲松龄，蒲松龄却坚决不收。只和宰相叙旧，却始终不提赴宴一事。

坐了一会儿，宰相感觉腹中饥饿，不时地到屋外张望太阳。但直到太阳偏西，仍然没有入席的动静。宰相饿得实在受不了了，就问蒲松龄："尊兄何时开宴呀？"

蒲松龄随口答道："一日三餐已毕，您又吃足'半鲁'，为何还要开宴呢？"

宰相恍然大悟，"鲁"字的下面，明明是个"日"字啊，我叫他吃了上头，他却叫我吃下头，这个含义可不一样呀！这个下头吃进去，不是满肚里的太阳吗？这不是明明劝我当个怀抱太阳的明官吗？

宰相满脸羞愧地离开了。

◎故事感悟

宰相虽挨了一天的饿，但领悟了做官的道理，这也是蒲松龄给他的一点教训吧！足见蒲松龄博学的知识和睿智的思想。

◎史海撷英

蒲松龄

蒲松龄从年轻时期就开始着手创作《聊斋志异》，只是一直断断续续地未能结集。

康熙九年（1671），蒲松龄在江苏省宝应县为同乡进士孙蕙做幕僚，后来随往高邮，一年后回到家乡，在一个姓毕的人家做私塾老师。毕家有一座石隐园，景色优美，环境优雅，而且还有诸多的藏书，再加上馆东的支持，蒲松龄才决心续写完成这部巨著。

从此，蒲松龄便"子夜荧荧，灯昏欲蕊，萧斋瑟瑟，案冷凝冰"，寒来暑往，日复一日地创作，终于"集腋成裘"，"浮白载笔"，完成了他的"孤愤之书"。

后来，蒲松龄还以淄川一带的方言撰写了《墙头记》、《慈悲曲》、《姑妇曲》、《磨难曲》等14种通俗俚曲及《闹馆》等戏。

在创作小说、诗文、俚曲、戏剧的同时，蒲松龄还编撰了《日用俗字》、《农桑经》、《药祟书》等多种科普资料类的工具书，充分地体现了他的救国救民思想。

◎文苑拾萃

采莲曲

（清）蒲松龄

两船相望隔菱茭，一笑低头眼暗抛。

他日人知与郎遇，片言谁信不曾交。

"柳絮飞来片片红"

◎问渠那得清如许，为有源头活水来。——朱熹

　　金农（1687—1784），清代著名书画家，扬州八怪之一。字寿门、司农、吉金，号冬心先生、稽留山民、曲江外史、昔耶居士等。浙江仁和（今杭州）人，好游历，久居扬州。人生际遇坎坷，平生未做官。少年受业于何焯，并与丁敬等相交，乾隆元年（1736）被荐举博学鸿词科，入京未试而返。他博学多才，善诗、古文，精鉴别金石、书画；工隶书，书法淳朴，楷书自创一格，有隶意，号称漆书；亦能篆刻，得秦汉法；五十岁后开始画竹、梅、鞍马、佛像、人物、山水。尤精墨梅。其造诣新奇，笔墨朴质，别开蹊跷；所作梅花，枝多花繁，生机勃发，古雅拙朴。其代表作有《东萼吐华图》、《空捍如洒图》、《腊梅初绽图》、《玉蝶清标图》、《铁轩疏花图》、《菩萨妙相图》、《琼姿侯赏图》等。著述有《冬心诗钞》、《冬心随笔》、《冬心画梅题记》、《冬心画马记》、《冬心杂著》等书。

　　在清代，一些文人雅士经常喜欢聚在一起，吟诗作词。

　　有一次，几位文人又在一起相互切磋诗词。其中有个人，对写诗并不精通，但却偏偏喜欢自作风雅，专爱在别人面前炫耀。

　　在席间，有人就提议即兴赋诗，以助酒兴。这个人立即响应，并大言不惭地说："我最喜欢作诗了，每天都要写上好几首。"

　　人们不禁向他投去惊异的目光。这时又有人说：大家不妨先联句，看谁的诗句最妙。这个人马上赞同说："最好，最好。"

　　还没等别人思考好，这个人就第一个站起来，然后摇头晃脑地大声念道：

"柳絮飞来片片红。"

众人一听，都哄堂大笑起来，柳絮哪有"红"的呢？晋朝的著名女诗人谢道韫曾用柳絮比喻洁白的雪花，留下了"未若柳絮因风起"的名句。如今，这位"胡诌诗人"竟然说柳絮"片片红"，这岂不是滑天下之大稽？

这个人自知出了洋相，柳絮不"红"，他的脸却"刷"地红起来了。

就在这时，有人随口续了一句："夕阳返照桃花坞。"

话音刚落，众人为之一惊。在瞬间的静寂之后，立刻爆发出一片热烈的赞扬声。夕阳红艳艳的，照在飘飞的片片柳絮上，不就变成绯红色了吗？

这样一来，"柳絮飞来片片红，夕阳返照桃花坞"竟然成了一句绝妙的联句，令人拍案叫绝！

这续下句的人，就是清代著名的诗人、"扬州八怪"之一的金农。

◎故事感悟

金农能把上一句不通的句子挽救过来，而且使上下两句联得自然贴切，他才是作诗能手。这正反映了一个博学多识的人在关键时刻的优势！

◎文苑拾萃

吉祥寺泉上十韵

（清）金农

新霁来山中，精舍骋游眄。

始入灌木阴，稍深泠风善。

维南豁平畴，极西耸浮巘。

静云一族居，幽涧众流衍。

沈出浸浅莎，滥时破重藓。

潏潏灵液华，涓涓连珠演。

手口不乱淆，口饮有廉辨。

即此澹交订，君子意非舛。

惜哉无名缁，绿尘斗茶莽。

明朝续水缘，石鼎携松筅。